후보와 선거참모를 위한 실무지침
100% 당선 키워드

후보와 선거참모를 위한 실무지침
100% 당선 키워드

초판 1쇄 2014년 1월 16일
   2쇄 2014년 2월 28일

지은이 김상진 허신열 엄경영
펴낸이 장민환
발행처 (주)석탑출판
주 소 서울 종로구 신문로1가 광화문오피시아빌딩 1631호
전 화 02)3276-2913 팩 스 02)3276-2912
이메일 seoktoppub@naver.com
디자인 디자인내일 **인 쇄** 한영문화사

가 격 20,000원
ISBN 978-89-293-0425-6

| 잘못된 책은 바꿔드립니다.
| 이 책의 전부 또는 일부 내용을 재사용하려면 저작권자와 석탑출판(주)의 동의를 받아야 합니다.

후보와 선거참모를 위한 실무지침

100% 당선 키워드

김상진 · 허신열 · 엄경영

고비고비 필요한 현장비법
- 필승의 선거전략 수립
- 선거조직 구성과 운용 방법
- 여론조사 100% 활용법
- 홍보 · 인터뷰 길라잡이

석탑출판(주)

추천사

선거는 민주주의를 구현하는 핵심 가치이자 중요 수단입니다. 현대 국가에서 그 나라의 민주주의 수준을 가늠하는 척도는 선거의 공정성입니다. 반대로 권력을 이용한 관권선거, 돈을 이용한 금권선거는 유권자들의 민의를 왜곡시키는 제도로 악용되기도 하였습니다. 그러나 부정선거로 집권한 정권은 정통성을 인정받지 못하고 결국은 국민적인 저항에 무너진다는 것을 역사는 말해주고 있습니다. 동남아시아, 아프리카의 몇 나라에서 요즘도 선거 결과를 두고 시위가 계속되고 있는 현실은 선거의 공정성이 민주주의의 근간을 이룬다는 사실을 새삼 깨닫게 해줍니다.

우리나라 선거의 역사는 약 65년 전인 1948년으로 거슬러 올라갑니다. 역사상 최초로 국민이 직접 대표를 선출한 총선거가 실시됐습니다. 그동안 부정선거를 통해 대통령이 권좌에서 물러나기도 했고, 수평적인 정권교체도 이루어졌습니다. 또한 쿠데타를 통해 집권하였던 군부정권은 선거를 통해 정통성을 부여 받기도 하였습니다. 우리나라의 선거는 서구사회에 비해 짧은 역사지만 민주주의에 대한 열망이 투영되면서 비약적인 발전을 이룬 것도 사실입니다.

이제 선거는 우리에게 일상이 되었습니다. 마을 이장부터 대통령까지 선거를 통해 선출하며, 선거를 통해 권력을 위임하고 위임 받게 됩니다. 그러나 선거는 우리에게 가장 많은 영향을 미치는 행위임에도 불구하고 선거에 대한 이해도가 높지 않은 것도 현실입니다. 지금은 민주주의의 성숙도를 말할 때 선거의 공정성과 더불어 올바른 선거문화를 기준으로 삼게 됩니다. 올바른 선거문화는 선거에 출마하는 후보와 유권자 모두가 만들어가야 합니다. 유권자의 지지를 받기 위한 후보의 선거운동과 훌륭한 후보를 선택하려는 유권자의 안목이 상호작용을 이루어야 하는 것입니다.

우리나라에서도 선거는 이제 말 잘하는 웅변가가 당선되는 시대는 지났습니다. 여론조사를 통한 유권자 분석, 빅 데이터를 활용한 선거운동, 이슈를 통한 프레임 구성, 효과적인 캠페인 전개 등 과학적인 기법을 누가 잘 활용하느냐에 따라 당락이 결정됩니다. 현대 선거를 과학이라고도 말하는 것은 이러한 이유 때문입니다. 그 만큼 유권자의 욕구는 다양해지고 있습니다. 유권자의 표심을 파악하고 공략하기란 쉬운 일이 아닙니다. 이러한 현실에서 알기 쉬운 선거 지침서나 선거 전략서를 찾아보기는 쉽지 않습니다. 따라서 선거에 출마하는 후보나 선거를 준비하는 참모도 어디부터 어떻게 준비해야 할지 어려움을 겪는 것이 현실입니다.

2014년 지방선거를 앞두고 여당 출신, 야당 출신 선거기획자, 현직 기자가 모여 알기 쉬운 선거 전략서를 발간하게 된 것은 환영 받을만한 일입니다. 이 책은 선거에 출마하는 후보의 초보적인 준비부터 대략적인 선거

전략, 민심을 파악하는 기법, 돈 없이 조직을 꾸리는 노하우, 효과적인 선거 캠페인을 하는 방법 등을 누구나 알 수 있도록 쉽고 일목요연하게 기술하였습니다. 무엇보다 저자들이 현장에서 체험하며 느꼈던 사례를 중심으로 정리한 내용은 선거를 준비하는 후보와 참모들에게 실질적인 도움이 될 것입니다.

우리나라에서 크고 작은 선거에 직·간접적으로 관여하였던 사람으로서 말씀드립니다. 선거에 출마하는 후보자나 참모들은 한번쯤은 반드시 읽어보아야할 필독서로 추천합니다. 아울러 이 책이 올바른 선거문화 형성에 많은 기여를 하여 우리나라의 민주주의를 한 차원 성숙시키는 촉매제가 되리라 기대합니다.

윤 여 준 새정치연합 창준위 공동위원장(전 국회의원)

추천사

좋아하는 사람이 쓴 책의 추천사를 쓴다는 것은 참 기쁜 일입니다. 평소에 좋아하던 허신열 기자가 선거와 관련된 책을 썼다면서 추천사를 써 달라 하길래 흔쾌히 동의하면서 호기심을 잔뜩 갖고 읽어 봤습니다. 이 책은 선거와 관련된 백과사전이라고 할 수 있습니다. 선거의 전략, 조직, 여론조사, 홍보까지… 자신이 직접 후보가 된 사람부터 남의 선거를 돕는 사람들까지 꼭 읽어봐야 할 필독서라고 '강추'합니다.

이 책을 읽으면서 저 자신은 그 동안 선거를 몇 번 해봤나 지난날을 돌아보게 됐습니다. 1988년과 1992년 총선은 아버지께서 출마하셔서 아들인 저는 다니던 직장에 휴가까지 내면서 선거 구경을 제대로 했습니다. 요즘 생각하면 격세지감이 들 정도로 당시 선거는 혼탁했습니다. 그러나 아무리 혼탁해도 유권자들의 심판은 참 냉정하고 무섭다는 걸 온 몸으로 느꼈습니다.

그 후 저 자신이 후보로 뛴 선거를 세 번(2005, 2008, 2012), 그리고 이회창(2002 대선), 박근혜(2007 경선), 박근혜(2012 대선) 대선후보 내지 경선 후보를 돕는 큰 선거도 세 번을 겪어봤습니다. 2011년에는 한나라당 당대표를 뽑는 전당대회에도 출마해 봤고, 이 밖에도 남의 선거를 돕는 일은 더 많앉으니 정치판에 뛰어든 이래 지난 14년 동안 선거라면 신물이 날 정도로 겪어봤던 셈입니다.

선거를 하면 할수록 절실하게 느끼는 것은 '선거는 마음'이라는 겁니다. 정치하셨던 아버지 뒷바라지를 하느라 평생을 고생하신 제 어머니의 명언입니다. "사람은 숨 못쉬면 죽고, 선거는 표 모자라면 진다." 한 표라도 표가 모자라면 지는 선거에서 그 표란 무엇일까요? 바로 유권자의 마음입니다. 날씨가 아무리 궂어도, 몸이 아파도, 투표장에 가서 4년을, 5년을 벼르던 한 표를 기필코 행사하고야 마는 유권자의 마음 – 선거에 나서는 후보들이 세상에서 제일 무서워하는 게 바로 이겁니다.

그래서 선거는 마음을 얻는 것입니다. 김상진, 허신열, 엄경영 세 분의 저자가 쓴 이 책은 기술적이고 실무적인 내용도 많지만 처음부터 끝까지 일관되게 흐르는 것은 어떻게 하면 유권자의 마음을 얻느냐에 관한 이야기입니다. 유권자가 어떤 후보에게 표를 주는 이유 내지 동기는 실로 다양합니다. 똑똑해서 표를 주기도 하지만 어눌하고 모자라 보여서 표를 주기도 합니다. 잘생겨서 표를 주기도 하지만 못생겨서 표를 주기도 합니다. 젊고 패기가 넘쳐서 표를 주기도 하지만 나이가 지긋하고 안정감 있어서 표를 주기도 합니다. 마음에 드는 게 하나도 없어도 당을 보고, 혹은 상대방 후보가 너무 미워서 표를 주기도 합니다.

표는 마음이기 때문에 이성보다는 감성의 영역입니다. 아무리 오래 사귀어도 알 수 없는 게 사람 마음이라는데 하물며 선거공보나 선거벽보 사진과 슬로건만 달랑 보고 그 사람의 실체를 알 수는 없습니다. 그래서 "Perception(느낌, 이미지)이 Reality(실체)보다 훨씬 더 중요하다"는 선거의 다소 실망스러운 격언을 인정하지 않을 수 없는 겁니다. 이 책에는 그런 느낌, 이미지를 어떻게 만들어 가느냐를 다루고 있습니다.

선거결과를 결정하는 사람들의 마음은 이성이 아니고 감성이며, 실체가 아니라 이미지를 보고 있지만 그럼에도 불구하고 정치판에 뛰어들 사람이라면 선거의 본질은 알고 시작해야 합니다. 내가 왜 정치를 하느냐? 바로 이 질문에 스스로를 속이지 않고 답할 수 있어야 합니다. 나의 승리가 이 나라와 국민을 위해 바람직하다는 믿음, 만약 그런 확신이 없다면 최소한 상대방의 당선을 저지하는 것이 나라와 국민을 위해 옳다는 믿음 – 이런 믿음을 바탕으로 하지 않는다면 선거라는 싸움을 해서는 안됩니다.

세상에 정치만큼 중요한 것은 없습니다. 정치는 국민들의 삶을 망칠 수도 있고 구원할 수도 있습니다. 출마라는 발심(發心)의 경지에 이른 많은 후보님들께서 기회가 되시면 이 책을 접하고 필승의 전략을 세워보시기 바랍니다. 크고 작은 선거를 직접 많이 겪어본 저도 이 책을 읽으면서 지난날 제가 선거를 치르면서 저질렀던 잘못들을 반성할 수 있었습니다. 이 책의 독자들에게 'Good luck!'을 빕니다.

유 승 민   국회의원(새누리당 · 대구 동구을)

들어가는 말

우연일까, 필연일까. 2014년 지방선거를 8개월여 남긴 때쯤 여당 출신 선거기획자, 야당 출신 선거기획자, 현직 신문기자가 모였다. 우리나라 선거에 여론조사가 도입되고, 지방선거가 시작된 지도 20년이 지났지만 유감스럽게도 쉽게 이해할 수 있는 선거 전략서를 찾을 수 없다는데 공감했다.
저자들은 생각했다. 누구나 출마할 수 있고, 또 당선될 수 있어야 한다고. 가진 사람, 배운 사람, 해본 사람만 당선되면 자유로운 선거권, 피선거권이 주어져 있다한들 무슨 소용이 있나. 그건 진짜 민주주의가 아니라 '엘리트 민주주의'에 불과하다고. 쉽게 의기투합했고, 쉽게 이해할 수 있는 글을 쓰려 했지만 필자들의 역량 부족은 필연적인 산고(産苦)를 동반했다.

선거는 집단의 대표를 선출하는 행위다. 집단 구성원들은 선출된 대표에게 권한을 위임하는데 이게 바로 권력이다. 인류의 역사는 권력투쟁의 역사다. 권력은 인간사 흥망성쇠와 함께 꽃 피기도, 지기도 했다. 예전엔 권력을 위해 '피를 흘리는' 전쟁을 벌였지만, 이제는 권력을 위해 '피를 말리는' 선거전을 펼쳐야 한다. 방법만 달라졌을 뿐이지 속성은 현재진행형이다.

국민이 부여하는 권력을 잡기란 쉬운 일이 아니다. 소위 '운대'와 함께 지난한 노력이 뒤따라야 한다. 유권자들의 마음을 거저먹으려 해서야 되겠는가. 선거에 출마하기 위해서는 엄청난 땀과 준비가 필요하다는 뜻이다. 저자들은 준비되지 않은 출마로 본인은 물론 주변 사람들까지 힘들게 만드는 경우를 수없이 봐왔다.

그러나 막상 출마를 결심하긴 했는데 무엇부터 준비할 것인가를 생각하면 막막할 것이다. 다른 사람 선거라도 직접 치러보지 않았다면 더더욱 고민이 깊을 수밖에 없다. 이 책은 그런 출마자와 선거참모, 그리고 선거를 배워보려는 사람들에게 작은 도움이 되려는 시도다.

따라서 저자들은 선거경험이 전혀 없는 초보라도 금방 이해할 수 있도록 가급적 쉽게 쓰고, 세밀한 부분까지 챙기려고 노력했다. 앞 부분에서 언급됐던 내용이 뒷부분에 다시 나오는 것도 이런 이유 때문이다. 선거경험이 있는 이들은 필요한 부분만 참조하면 되겠다.

이 책의 기획 분야와 조직 분야는 수많은 선거경험을 바탕으로 현재 선거전략에 관한 강의를 하고 있는 김상진씨가 작성했으며, 여론조사 분야는 여론조사 전문기관에 재직하고 있는 이 분야 전문가 엄경영씨가, 홍보 분야는 10여 년 동안 신문기자 신분으로 지방선거 현장과 정치권을 두루 경험하고 현재 국회를 출입하고 있는 허신열씨가 작성했다. 저자들의 이력에서 보듯 이 책은 선거이론서가 아니다. 세 사람의 생생한 경험과 선거현장에서 보고들은 감각을 전달하고자 하는 실무지침서이자 선거종합 전략서다.

'모사재인 성사재천(謀事在人 成事在天)'이라는 말이 있다. '일을 꾸미는 것은 사람이 하지만 일의 성패를 가르는 것은 하늘이 한다'는 뜻이다. 제갈공명이 삼국통일을 이루기 위해 사마의를 협곡으로 유인한 뒤 화공을 펼쳤으나 때마침 하늘에서 비가 내리자 탄식과 함께 내뱉은 말이다.

정치인의 성패는 하늘의 뜻에 움직이는 것일 수 있다. 누가 국민 대표가 되느냐에 따라 사람들에게 끼치는 영향이 너무 크기 때문이다. 민심(民心)은 천심(天心)이라고 했던가. 그러나 '지성(至誠)이면 감천(感天)'이라고도 했다. 하늘이 감동할 때까지 열심히 하는 사람은 반드시 당선된다. 하늘이 감동하기 전에 유권자들이 먼저 감동하기 때문이다.

감히 말씀드린다. 전략적인 사고로 선거를 준비하라. 그리고 '성사재천'을 기다려라. 가슴 벅찬 기쁨을 맛보게 될 것이다.

마지막 한 가지, 불법 선거운동 유혹에 빠지지 말라. 공들여 쌓은 탑, 한순간에 무너뜨리기 딱 좋다. 선거법과 관련해서는 '판결문으로 본 알기 쉬운 선거법 해설'(문진헌·이경기, 2013, 석탑출판)을 참고하라.

2014년 1월 저자들을 대표해 김상진

추천사 4
들어가는 말 10

제1장 이기는 선거전략

1. 선거란 무엇인가? 24
  1) 유권자 지형을 놓고 벌이는 땅따먹기이다
  2) 유권자의 심리를 파고드는 종합예술이다

2. 선거의 기본전략 29
  1) 선거 전략의 출발
    (1) 'WHO' 나는 누구이며 나의 상대는 누구인가?
    (2) 'WHY' 왜 나왔는가?
    (3) 'FOR WHAT' 무엇을 할 것인가?
  2) 승리를 위한 기본전략
    (1) 유권자 10명 중 3명을 확보하면 당선 된다
    (2) 선거운동의 타겟을 명확히 해라
    (3) 우세지역과 열세지역 공략을 명확히 해라
    (4) 나의 프레임을 구축하라

  3) 단계별 전략
    (1) 1단계(준비~예비후보 등록전)
    - '인지도 없이 지지도는 없다'
    (2) 2단계(예비후보등록~입후보 등록)
    - '정당공천을 받아 유리한 구도를 만들라'
    (3) 3단계(입후보 등록~홍보물 도착)
    - 초반 판세가 끝까지 간다. 초반 기싸움에서 이겨라'
    (4) 4단계(홍보물 도착~투표)
    - 13일은 준비된 후보에겐 짧고, 준비안된 후보에겐 길다

3. 선거준비에서 가장 중요한 준비 3가지   93

    1) 참모진 구성 – 참모는 나의 분신이다
       (1) 유능한 핵심참모 구성은 선거 준비의 절반이다
       (2) 이런 참모가 필요하다
    2) 선거 기획사 선정 – 떴다방 기획사를 조심하라
    3) 선거사무실 – 표를 쫓아내는 사무실을 만들지 말라

4. 후보자가 숙지해야 할 10계명   101

제2장 여론조사 활용 전략

1. 여론조사란 무엇인가?   108

    1) 여론조사는 사람들의 생각을 파악하는 기술이다.
       (1) 여론조사는 표본조사다
       (2) 여론조사는 표본 크기보다 추출방법이 중요하다
    2) 여론조사는 결정하기 위한 참고자료이다.
       (1) 여론조사를 제대로 읽으려면 자신을 객관화하라
       (2) 전화조사만 고집하지 말고 다양한 조사기법을 활용하라
       (3) 일단 여론조사 결과를 신뢰하라

2. 여론조사 종류 및 활용방안   114

    1) 자동응답조사(ARS)
       (1) 전국 단위의 ARS 조사는 신뢰도가 높다
       (2) 국회의원 선거구 및 기초선거구 ARS 조사는 여전히 취약하다
       (3) ARS 조사를 홍보수단으로 활용하라
    2) 전화조사
       (1) 전화조사는 고령층 의견을 잘 반영한다

3) 휴대폰 및 휴대폰 패널 조사
   (1) 휴대폰 조사는 젊은층 의견을 잘 반영한다
   (2) 휴대폰 조사는 대다수가 패널 조사다
   (3) 휴대폰 조사는 기초선거구에서 활용하기 어렵다
4) 온라인 조사
   (1) 온라인 조사는 보완 조사로 적당하다
   (2) 가능하면 이메일 주소를 많이 모아라

3. 선거전략 마련을 위한 조사기법   126

1) FGD(Focus Group Discussion)
   (1) 인지도가 높다면 FGD를 활용하라
   (2) 비용을 절감하려면 후보(선거 캠프) 스스로 하라
2) 심층면접조사(In-depth Survey)
   (1) 심층면접조사는 선거전략 마련에 안성맞춤이다
   (2) 비용을 절감하려면 후보(선거 캠프) 스스로 하라
   (3) In-depth 조사 발언록을 꼼꼼하게 읽어라

4. 당내 경선과 여론조사 활용전략   136

1) 여론조사가 사실상 경선승리를 결정한다
   (1) 새누리당 경선은 상당수 여론조사로 결정된다
   (2) 민주당은 진성당원이 중요하다
   (3) 제3당은 변수가 많다
2) 역선택도 선택이다
   (1) 역선택은 광범위하게 일어난다
   (2) 역선택, 막을 수 없다면 활용하라

5. 본선과 여론조사 활용전략   147

1) 공식선거운동 돌입 이전 여론조사가 곧 개표결과다.
   (1) 선거운동 돌입전 여론조사 결과가 유리하다면 적극 홍보하라
   (2) 불리하다면 공개하지 않는 것이 유리하다
   (3) 마지막 여론조사는 5일 전에 하라

2) 여론은 생활이슈에 있다
(1) 지방선거는 생활전쟁이다
(2) 유권자를 뿔나게 하면 선거는 불리하다
(3) 국회의원 선거도 바람이 전부는 아니다
3) 유권자는 약자를 동정한다.
(1) 2010년 지방선거, 여론조사 결과보다 20% 이상 뒤집혔다
(2) 민주당 후보, 가평군수 선거에서 10%도 못 얻었다
(3) 손학규, 외로운 선거로 분당을 재보궐 선거에서 승리하다

 제3장 돈안드는 조직전략

1. 조직이 필요한가? 162
   1) 조직에도 발상의 전환이 필요하다
      - 변화된 시대에 맞는 조직을 꾸리자
   2) 동심원 원리
      - 조직은 나의 가족부터 시작한다
   3) 공조직과 사조직으로 거미줄을 쳐라
      - 공조직이 앞장서고 사조직이 뒷받침하라
      (1) 공조직
      (2) 사조직
      (3) 선거대책본부
      (4) 선거조직 운영의 관건은 화합이다
      (5) 이런 사람을 선정하라

2. 조직은 무엇을 해야하나? 176
   1) 데이터를 최대한 확보하라
      (1) 한 장의 명함이 모여 1000명의 유권자가 된다
      (2) 관리하지 않는 명단은 종이 쪼가리다

    2) 상대후보들의 움직임을 파악하라
    3) 구전홍보를 쉽고 조직적으로 전개하라

3. 돈 안드는 조직을 만들라   183
    1) 이슈조직 : 잘 잡은 이슈는 몰표를 가져온다
       – 가치와 이슈로 뭉친 조직은 자발성이 살아있다
    2) 사회단체 조직, 생협 등 조합조직에 가입하라
       – 동원 조직은 옛말, '카·페·트' 민심을 조직하자
    3) '학부모단체' 등 생활밀착형 단체에서 활동하라

4. 유급사무원은 나의 분신을 만들라
    – 천리 길도 한 걸음부터다   190

5. 선거운동 절반은 배우자가 한다   193
    1) 배우자 100% 활용하기 체크 포인트
    2) 배우자의 선거운동지침

제4장 나를 알리는 홍보전략

1. 홍보전략의 첫걸음 : 누구에게 어떻게   200
    1) 선거는 상대평가다
    2) 유권자가 듣고 싶은 이야기를 하라
    3) 일관성과 타이밍을 지켜라
    4) 지역구 유권자부터 파악하라
    5) 인구주택총조사는 양질의 빅데이터

2. 선거홍보를 위한 사전준비　　　　　　　　　　209
　　1) 홍보 담당자를 정하라
　　2) 잘 선정한 홍보기획사가 선거를 좌우한다
　　3) 자신만의 스토리텔링을 준비하라
　　4) 쉽고 간결하고 감성적인 메시지를 만들라

3. 언론은 유권자와 만나는 창　　　　　　　　　　215
　　1) 선거단위 따라 언론 비중도 달라진다
　　2) 선거기사 이해하기
　　　　(1) 쟁점기사
　　　　(2) 선거상황 기사
　　　　(3) 선거전략 기사
　　　　(4) 여론조사 기사
　　3) 낯설기만 한 언론용어

4. 기자들과 만나 친해지기　　　　　　　　　　228
　　1) 시군구청 출입기자가 중요하다
　　2) 기자단 간사를 집중 공략하라
　　3) 금품요구는 명확하게 거절하라
　　4) 후원회 광고, 애 고민이네

5. 언론보도 준비하기　　　　　　　　　　235
　　1) 보도자료의 허와 실 – 보도자료를 읽는 대상은 기자다
　　　　(1) 형식부터 제대로 갖춰라
　　　　(2) 수려한 문장보다 충실한 내용이 중요하다
　　　　(3) '야마'를 분명하게 제시해야 한다
　　　　(4) 보도자료를 읽는 대상은 기자다
　　　　(5) 마감시간 넘기면 '도로아미타불'
　　　　(6) 일상적으로 제공하면 좋은 보도자료 리스트

2) 인터뷰에 응하기 - 기자를 두려워하지 말라
　　　　(1) 여유가 있어야 인터뷰 기사도 잘 나온다
　　　　(2) 예상질문 작성과 질문지 받기
　　　　(3) 사진은 미리 준비하자
　　　　(4) 기자를 두려워하지 말라
　　　　(5) 의상과 화장에도 신경을 써야 한다
　　　　(6) 난감한 질문에 대처하는 요령
　　　　(7) 돌발 인터뷰가 들어오면 한숨부터 돌려라
　　　　(8) 사후관리가 기자 마음을 녹인다
　　3) 기자회견은 남발하지 말라
　　　　(1) 기자회견 장소와 시간
　　　　(2) 너무 자주하면 늑대소년이 된다

6. 사진이 표심 1%를 움직인다　　　　　　　　　　249
　　1) 사진의 기준은 40~50대 여성유권자
　　2) 선관위 홈페이지 사진부터 챙겨라
　　3) 스냅사진도 미리미리 준비하라
　　4) 선거에 필요한 사진 7가지

7. 인쇄매체와 현수막을 통한 선거홍보　　　　　　257
　　1) 명함의 99% 이상은 버려진다
　　2) 현수막은 슬로건이다
　　3) 선거벽보의 핵심은 사진이다
　　4) 선거공보물, 첫 장과 맨 뒷장에 공을 들여라
　　5) 출판기념회, 손익을 따져보라

8. 온·오프라인의 선거홍보전략   267
    1) 당신이 추격자라면 튀어라
    2) 포장은 화려한 SNS 파괴력
    3) 자유로워진 인터넷 선거운동
    4) 문자메시지는 비용에 주의해야 한다

9. 유권자는 선거운동원의 에너지도 느낀다   276
    1) 거리유세엔 튀는 선거운동원이 필요하다
    2) 유세차는 스피커가 생명이다
    3) 아이들이 따라 부르는 로고송을 만들라
    4) 구전도 홍보전략이다

| 제1장 | 이기는 선거전략

선거란 무엇인가?

1) 유권자 지형을 놓고 벌이는 땅따먹기이다

선거는 대의민주주의에서 국민의 대표를 뽑는 행위이다. 선거구 내의 유권자를 대상으로 많은 표를 얻는 후보가 대표로 선출된다. 이 책에선 민주주의 원리로서의 선거보다는 국민의 대표가 되기 위해 출마한 후보자가 '표를 많이 얻기 위한 방법'으로서의 선거를 말하고자 한다.

우리는 성년이 되기 전부터 많은 선거를 통해 민주주의 훈련을 해왔다. 초등학교 1학년부터는 학급반장도 선출했다. 학우들 앞에서 출마의 변을 말하고 다수의 지지를 받은 사람이 반장이 되는 식이다.

그런데 초등학교 반장 선거에서도 의외의 결과를 종종 보게 된다. 많은 사람이 당선을 추측하였던 사람이 당선이 되지 못하는 경우는 반드시 원인이 있다. 또한 당선된 사람은 당선된 이유가 반드시 있다. 이것이 선거를 잘 치

른 사람과 못 치른 사람의 차이이다.

　우리가 친목계의 회장을 선출하게 될 때는 사람 됨됨이를 보고 리더십이 있는 사람을 선출한다. 소규모 집단의 선거에서는 이미 사람에 대한 평가를 할 수 있는 정보와 기준이 있기 때문에 선거는 간단하다. 그러나 민주선거의 범위가 넓어질수록 선거는 복잡해진다. 선거구 내의 유권자들에게 얼굴을 알리는 것 하나도 매우 어렵다. 즉, 유권자는 자신이 찍는 대표의 얼굴을 한 번도 직접 보지 못하고 선거를 하는 경우가 대부분이다.

　따라서 선거에 출마한 후보는 유권자들이 자신을 대표로 받아들일 수 있도록 이미지를 만들고 유세를 하고 홍보물을 배포한다. 그러나 짧은 시간에 유권자를 설득하기란 쉬운 일이 아니다. 혼자서는 유권자의 10분의 1을 만나기도 힘들다. 그래서 현대 선거는 데이터를 통한 과학적인 분석과 효과적인 캠페인을 위한 다양한 기법을 동원한다. 현대 선거를 과학이라 일컫는 이유이다.

　도시의 콘크리트에서 자란 아이들은 모르겠지만, 놀이터가 따로 없었던 시골에서는 땅따먹기 놀이가 있었다. 커다란 원을 그리고 각자가 납작한 돌을 손으로 튕겨서 자신의 땅을 넓혀가는 게임이다. 돌을 잘못 튕겨 상대의 땅으로 들어오거나 원 밖으로 나가게 되면 죽게 되어 상대에게 기회를 주게 된다.

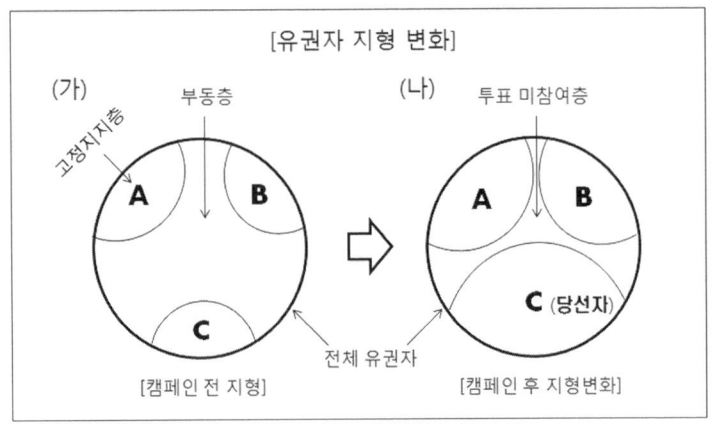

　선거 또한 이와 마찬가지이다. 유권자 지형의 땅덩어리를 누가 많이 가져가느냐하는 게임인 것이다. 도표 (가)에서처럼 출마하고자 하는 후보자는 많고 적음의 차이는 있지만 누구나 자신을 지지하는 고정 지지층이 있다. 최소한 후보자 자신의 가족들과 가까운 지인들은 있을 것이다.

　출마한 후보자의 고정지지층을 제외한 나머지는 부동층이 된다. 즉, 누구를 찍을지 모르는 유권자이다. 선거 캠페인 과정에서 얼마든지 표심이 바뀔 수 있는 유권자이다. 선거는 이 부동층을 대상으로 하는 것이다.

선거 캠페인이 있고난 후 선거 결과를 도표 (나)에서 보았을 때 C후보가 당선되었다. 부동층의 땅덩어리를 C후보가 많이 먹어간 것이다. 고정지지층이 많던 A후보는 더 이상 지형을 확장하지 못하고 패배의 쓰라림을 맛보게 된 것이다.

C후보가 당선될 수 있었던 요인은 크게 두 가지이다. 첫 번째는 자신의 강점을 효과적으로 알려 부동층 유권자들을 움직였다. 즉 이것이 포지티브 캠페인(Positive Campaign)이다. 두 번째는 타 후보의 약점을 잘 공략하여 부동층표가 타 후보에게 이동하는 것을 효과적으로 막아낸 것이다. 즉 이것이 '네거티브 캠페인(Negative Campaign)' 이다.

2) 유권자의 심리를 파고드는 종합예술이다

선거는 한 가지만 잘한다고 이길 수 없다. 유권자의 마음이 움직여야 표가 되기 때문이다. 민주선거는 비밀투표를 원칙으로 한다. 기표소에 들어가 붓두껍을 찍을 때까지는 아무도 모르는 것이 사람 마음이다. 세상에서 가장 변화무쌍한 것이 사람 마음이기에, 사람 마음을 사로잡기 위해서는 많은 것을 잘 해야 한다. 이것도 보여주고 저것도 보여줘 모두 잘 할 수 있다는 믿음을 주어야 한다. 유권자는 자신보다는 우월한 사람이 자신의 대표가 되기를 은근히 바라기 때문이다.

  말만 잘한다고 당선된다면 대한민국에 제일가는 웅변가가 대통령이 될 것이다. 홍보물 잘 만들었다고 당선된다면 홍보기획사 대표가 모두 국회의원이 될 것이며, 조직을 많이 거느렸다고 당선된다면 해병전우회 회장이 모두 단체장에 당선될 것이다. 그런데 아무것도 하지 않고 감옥에 있으면서도 유권자의 마음을 움직일 수 있다면 당선되는 것이 선거다.

  선거는 종합예술이다. 훌륭한 예술은 사람의 심금을 울리는 감동이 있어야 한다. 선거 또한 유권자의 심리를 파고드는 감동을 줘야 한다. 감동적인 언어를 구사하고, 멋진 홍보 기법을 적용하고, 유권자들이 요구하는 정책공약을 설파한다. 유권자들의 시각과 청각을 통해 마음을 움직일 수 있는 예술적인 행위를 총동원하는 것이 바로 선거다.

  감동적인 뮤지컬이 끝나면 관객들은 환호와 박수를 보낸다. 그리고 커튼이 내려오면 모든 것이 종료된다. 그러나 선거에서 감동을 준 배우와 감동을 주지 못한 배우는 하늘과 땅 차이가 난다. 승리한 후보는 국민이 위임한 권력을 가지게 되지만 패배한 후보는 패가망신하는 경우도 있다. 따라서 선거에 출마는 신중해야 하고, 출마하면 반드시 당선되어야 한다. 자신 없으면 출마하지 않는 것이 좋다. 지금부터 당선되기 위한 방법들을 배워보자.

2
선거의 기본전략

1) 선거 전략의 출발

(1) 'WHO' 나는 누구이며 나의 상대는 누구인가?

'지피지기(知彼知己)면 백전백승(百戰百勝)'이다. 거꾸로 나와 상대를 모르고 하는 싸움은 '백전백패'다. 전쟁에서 전략과 전술 대가인 제갈공명도 전쟁을 하기 전에 항상 적진에 첩자를 보내 염탐을 했다. 적군의 동향을 철저히 살피고 분석해 전쟁을 수행하여 승리할 수 있었던 것이다.

선거에서도 나 자신과 경쟁 상대에 대한 철저하고 다각적인 분석과 객관적 평가가 먼저 이루어져야 한다. 그래야 제대로 된 선거메시지를 개발하고 효과적인 선거운동방법을 고안할 수 있다. 나와 상대방이 누구인가를 철저히 분석하는 것, 이것이 모든 선거 전략의 출발이다.

① SWOT 분석

SWOT 분석방법은 원래 경영학의 마케팅 기법에서 나온 것으로 기업의 내부 환경을 분석해 강점(strength)과 약점(weakness)을 발견하고, 외부 환경을 분석해 기회(opportunity)와 위협(threat)을 찾아내 경영전략을 수립하는 것으로서 여러 분야에 응용되고 있다.

SWOT 분석은 선거에 출마하는 자신 및 경쟁 후보의 경력, 평판, 지지기반, 성향을 비롯해 강점과 약점을 분석할 수 있게 하는 기본적 분석틀이 된다. 자신의 강점을 부각시키고 약점을 보완하며 외부의 위협 요인에 대해 방어하고 역공을 준비할 수 있게 해준다.

SWOT 분석을 위해 내가 누구인가에 대한 분석을 하고 이를 정리해 두어야 한다. 신상, 경력, 학력 등 자신에 관한 가장 기초적인 정보와 객관적인 주변 환경에 대해 조사해야 한다. 이러한 분석은 후보자보다는 객관적인 사람이 하는 것이 좋다. SWOT 분석에 후보자의 주관적인 내용이 개입되면 선거의 전략과 전술이 어긋나기 때문이다.

〈SWOT 분석〉

S (강점)	W (약점)
상대 후보에 비해 우월한 나의 강점을 크게 부각시켜 유권자에게 긍정적 이미지를 심어주고 나아가 득표로까지 직결시킬 수 있는 방안을 모색해야 한다.	후보의 약점으로 공격받을 수 있는 사항을 다각적으로 찾아내어 사전 방어책을 강구하고, 경쟁 후보가 약점을 공격하거나 쟁점화할 경우 이에 대해 **역공**할 수 있도록 대비해야 한다.
O (기회)	T (위협)
선거환경에서 유리한 요인이며 후보가 통제하기 어려운 외부변수이다. 기회요인을 잘 포착하고 이를 유리하게 이용하기 위해서는 끊임없이 선거환경을 관찰·분석해야 한다.	영향력을 줄이거나 회피해야 하는 불리한 선거환경 요인으로 후보가 통제할 수 없는 변수임을 전제하고 최대한 그 불리한 영향력을 축소시키려는 노력이 필요하다.

② 나는 누구인가?

　미국 컬럼비아대 교수인 사이먼 샤마(Simon M.. Schama)는 '미국의 미래'라는 책에서 "미래의 미국 대통령은 스토리텔러일 것"이라 했는데, 이러한 예견은 오바마 당선으로 설득력을 얻게 됐다. 미국사회에서 멸시와 천대를 받던 흑인이 미국을 이끄는 대통령이 되기까지의 신화적인 스토리가 미국인들을 감동시켰기 때문이다.

　누구나 인생의 스토리는 있다. 고(故) 노무현 전 대통령이 상고를 나와 사법고시를 패스하고 인권변호사가 되었던 인생스토리는 많은 사람들을 감동시켰다. 샐러리맨으로 시작해서 현대건설 사장이 된 이명박 전 대통령의 인생스토리는 많은 서민들의 부러움을 받았다.

　그런데 이렇게 거창한 스토리는 아니라도 자신의 인생을 뒤돌아보면 분명 자랑할 거리가 있다. 경기고와 서울대를 나오지 않았더라도, 예를 들어 '어렸을 때 공부를 못했는데 나는 남다르게 봉사정신이 있었고', '항상 개근상을 타는 성실한 어린이였으며', '부지런히 일해서 부모님께 효도했으며', '항상 집안일을 돌보는 애처가이며' 등등 스토리는 얼마든지 있다. 이렇게 '나만의 스토리텔링(storytelling)'을 준비해 두는 것이 선거에서 매우 중요하다. 훌륭한 스토리텔링을 할 수 있는 후보가 유권자를 감동시킬 수 있는 것이다.

③ 나의 상대방은 누구인가?

　선거에서 무투표 당선을 제외하고는 항상 상대가 있다. 따라서 나를 찍게 하는 방법도 있지만 상대를 찍지 못하게 하는 방법도 있다. 선거운동에는 나의 장점을 알리는 '포지티브 캠페인(Positive Campaign)'이 있으며, 상대의 약점을 알리는 '네거티브 캠페인(Negative Campaign)'도 있다.

기본 단계로 경쟁 후보의 기본적인 정보를 수집해 상대방이 어떤 사람인가에 대한 개략적인 파악을 해야 한다. 나이, 출신지역, 학력, 경력 같은 기본적인 신상명세 파악은 물론이며 실적, 평판과 같이 경쟁 후보의 개략적인 특성을 가늠할 수 있는 자료를 수집해야 한다.

현역 의원인 경우에는 임기 동안 본의회와 상임위원회 속기록, 중앙이나 지역 언론에 보도된 사례, 지난 선거의 홍보물, 선거구 여론주도층 평판, 반대자 평판 등을 다각적으로 정보를 수집하고 분석한다.

다음으로 상대후보에 대한 SWOT 분석을 해야 한다. 상대방이 갖고 있는 강점과 약점, 선거환경과 관련된 기회요인, 위협요인 등을 분석해야 선거의 전략과 전술을 구사할 수 있게 된다.

또한 상대후보의 좋지 않은 소문이나 부정적인 내용에 대해서는 철저한 사전조사가 필요하다. 이는 상대후보를 음해하기 위한 수단으로 삼기 위한 것이 아니다. 철저한 검증도 선거과정에서 유권자들이 알아야 하는 정보다.

네거티브 캠페인은 유권자들이 인정해야 효과를 발휘하게 된다. 진위여부를 떠나 이회창 후보가 두 번이나 대선에서 낙선을 하게 된 것은 결정적인 네거티브 공격에서 비롯됐다. 하나는 아들 병역문제였으며, 또 하나는 호화빌라 문제였다. 유권자들이 의혹을 인정을 했으며 이 후보에 대해 감성적인 거부감을 가지게 하는 결정적인 사안이 됐다.

2012년 총선 당시 대구시 중남구 선거구에 출마한 이재용 무소속 후보가 장애인들을 위한 정책을 설명하고 있다.
사진_ 이재용 후보캠프

    그러나 유권자들이 인정하지 않는 네거티브 공격은 오히려 감표 요인이 돼 선거를 망치게 되는 경우도 있다. 따라서 철저한 조사와 분석은 선거의 승패를 가를 수 있는 중요한 요소다. ('판결문으로 본 알기쉬운 선거법 해설' 제2장 허위사실공표죄 참조, 2013, 석탑출판)

(2) 'WHY' 왜 나왔는가?

    정치는 명분이 있어야 한다. 명분이 있는 정치를 하는 정당이나 정치인이 많은 국민의 지지를 받는 것은 당연하다. 출마를 선언한 사람이 왜 출마를 했는지를 명분 있게 말해야 유권자의 마음을 움직일 수 있다. '나는 이런 사람이고 이렇게 성공하였는데' 그런데 왜 정치를 하려고 하는가? 여기에 대한 답을 분명히 제시해야 하는 것이다. 사회적으로 성공한 사람들은 부지기수로 많은데 누구나 정치를 하지는 않으니까 말이다.

정치적 명분은 유권자들이 요구하는 인물상을 적시에 제시해야 한다. 지역구 숙원사업을 해결하기 위한 최적의 사람이 바로 나라고 자신있게 얘기할 수 있어야 한다. 유권자들의 요구를 정확히 파악하고 명분을 세워야 선거의 맥을 관통해 유권자들의 심금을 울리게 된다. '캐치 프레이즈(catch phrase)'는 바로 이러한 정치적 명분에서 나오는 것이다.

예를 들어 출마지역이 정치적 분열로 혼란스러운 상황이라면 "나는 지역을 통합하고 분열을 종식시키기 위해 출마를 하였습니다"라고 하는 것이 정치적 명분이 될 것이다.

전임 정치인들이 비리로 낙마를 했다면 "나는 깨끗한 정치를 실현하기 위해 출마를 결심했다"라고 말해야 설득력이 있는 것이다.

지역이 낙후되었는데 전임 정치인들이 하나도 해결하지 못했다면 "나는 전임 정치인들이 해결하지 못한 지역발전을 이룩하기 위해 출마했다"라고 말해야 하는 것이다.

그런데 유권자들은 지역발전을 간절히 요구하는데, 후보자는 정치적 슬로건을 전면에 내걸고 하는 선거를 종종 보게 된다. 예를 들어 주민들은 지역재개발에 모든 관심이 있는데 "나는 정권심판을 위해 출마를 결심했다"라고 주장하며 '정권심판'을 전면에 내걸면 유권자들이 지지를 보내겠는가?

자기가 살아온 인생과는 동 떨어진 명분을 내세우는 경우도 있다. 고시를 패스하고 중앙정부의 고위공무원을 지낼 때는 고향에 관심하나 없다가 선거 출마를 하게 되니 "내가 지역발전을 이루겠다"라고 주장을 하면 설득력이 있겠는가? 당장 상대후보와 유권자들로부터 "지금까지 고향을 위해 풀 한포기 뽑지 않은 사람이 무슨 지역발전이냐"고 공격이 들어올 것이다.

정치적 명분은 자기가 살아온 인생과 시대적 요구가 맞게 떨어지는 일체감이 있어야 효과를 발휘하게 되고 선거의 판세를 가르게 되는 것이다.

(3) 'FOR WHAT' 무엇을 할 것인가?

who와 why를 세웠다면 다음은 "나는 무엇을 하겠습니다"라는 말에 설득력을 불어넣어야 유권자를 움직일 수 있다. 유권자가 후보자들이 출마하여 당선이 되면 무엇을 하려고 하는지 관심을 가지는 것은 당연하다. 선거는 유권자 자신을 대신해 일을 할 수 있는 대표를 선출하기 때문이다. 따라서 자신이 하고 싶은 일을 대신해서 해결하겠다고 시원하게 긁어주는 후보에게 관심을 가지게 되는 것이다.

"나는 어떻게 살아왔고, 이래서 출마했습니다"라고 말하면, 유권자는 "그래서?"라고 다시 물을 것이다. 여기에 대한 답이 'for what'이다. "내가 당선이 되면 여러분에게 어떠한 이득이 돌아간다"는 내용을 설득력 있게 전달해야 표로 연결이 되는 것이다.

공약을 추상적으로 제시해 실현 불가능하다는 인상을 심어 주어서는 안 된다. 매니페스토(Manifesto)를 만들어 구체적인 실현과정을 제시하는 것이 바람직하다.

예를 들어 소음과 환경오염이 심한 지역이라면

> '쾌적한 지역을 만들기 위하여 주변 소음시설과 공장 등의 이전을 추진하겠습니다. 이를 실현할 수 있는 사람은 바로 OOO입니다.'
>
> - '관·민이 함께하는 추진위원회' 를 언제까지 구성
> - 공청회를 언제까지 몇 번 개최
> - 이전 공장부지 및 지원 방법
> - 예산 소요액 및 예산확보 방법

이렇게 구체적으로 제시하게 되면 유권자들은 더욱 믿음이 갈수 있는 것이다. 특히 토론회에서 구체적인 방법을 제시하는 후보와 그렇지 못하는 후보는 내용면에서 현격한 차이가 나게 된다. 이러한 차이는 인물비교로 직결된다. "OOO가 똑똑해" "OOO가 많이 알고 있어" 등으로 후보를 비교하기 시작하면 선거는 급격히 판세가 기울게 되는 것이다.

2) 승리를 위한 기본전략

(1) 유권자 10명 중 3명을 확보하면 당선 된다

선거를 하면서 후보자가 착각하기 쉬운 게 있다. 유권자들을 만나면 모두 자기를 찍어줄 것으로 오해한다는 것이다. 그런데 절대 그렇지 않다. 예의상 유권자들은 그렇게 만나줄 뿐이다. 면전에서 인상 쓰고 만나는 사람이 얼마나 있겠는가?

유권자 전체가 나를 지지해 줄 수는 없다는 것은 누구나 잘 안다. 그런데 선거운동은 유권자 전체를 대상으로 한다. 지방선거에서 당선이 되기 위해서는 불과 10명 중 2~3명의 유권자 지지만 있으면 가능하다. 우리나라 선거의 중심이라고 할 수 있는 종로구에서 2010년 있었던 제5대 기초의원 선거를 사례로 보자.

(제5대 지방선거 종로구 기초의원 [라]선거구 개표결과)

선거인수	투표수	한나라당 이상근	한나라당 나승혁	민주당 정인훈	민주당 선상선	민주당 김복동	자유선진당 이재광	무소속 최명재	무소속 유성상
41,602 (677)	21,914 (603)	4,787 (22.67)	2,111 (10.00)	5,044 (23.89)	3,428 (16.23)	3,657 (17.32)	965 (4.57)	169 (0.80)	948 (4.49)
		당선		당선		당선			

2010년 지방선거에서 서울지역의 투표율은 53.9%였다. 10명중 거의 절반이 기권했다. 1등 당선한 민주당 정인훈 후보가 유권자 10명 중 1.3명의

지지를 받았으며, 2등 당선한 한나라당 이상근 후보는 유권자 10명 중 1.2명, 3등 당선한 민주당의 김복동 후보는 유권자 10명 중 0.9명의 지지를 받았다.

서울지역에서 당선된 기초의원 대부분은 유권자 10명 중 2명 미만의 지지를 받았으며, 서울시 기초의원 정수 157명 중에 30여명 정도만 유권자 10명 중 2명 이상의 지지를 받았다. 투표율이 50% 초반이라면 유권자 10명 중 3명의 지지를 받기 위해서는 약 50% 득표율을 기록해야 한다. 그런데 3명 이상의 후보가 나오는 선거구에서 50% 지지를 받는 다는 것은 압도적인 인물 아니고는 불가능에 가깝다.

따라서 유권자 전체의 지지를 받으려고 선거운동을 하는 것은 현명하지 못한 행위다. 어차피 유권자들 중에 상대후보의 고정지지자들이 있고, 투표에 참여하지 않는 무관심한 유권자들도 있다. 역으로 말하면 10명 중 8명은 나를 찍지 않을 사람들이라는 것이다.

선거운동을 하면서 너무 기죽을 필요가 없다. '나는 유권자 10명 중 2명의 지지를 받으면 된다' 는 배짱도 있어야 선거캠페인을 잘 할 수 있다.

(2) 선거운동의 타겟을 명확히 해라

선거운동에서 타겟팅(Targeting)의 중요성을 말해주는 일화가 있다. 1960년 미국 대통령선거 당시 닉슨은 스스로 선거기간동안 모든 주를 순회하겠다고 공언했다.

2012년 총선 당시 대구시 수성갑 선거구에 출마한 김부겸 민주당 후보가 지역구 구민들에게 지지를 호소하고 있다.
사진_ 김부겸 후보캠프

 현실적으로 불가능한 일은 아니었지만 무리한 선거운동 일정임은 분명했다. 몇 개 주는 닉슨이 전혀 승산이 없는 곳이었고, 또 몇 개주는 닉슨이 이미 완전히 장악한 곳이어서 굳이 이런 주까지 순회한다는 것은 의미가 없는 일이었다. 반면 상대 후보 케네디는 자신의 선거운동지역에 우선 순위를 뒀고 필요한 지역만 방문하였다.

 닉슨의 무리한 선거운동일정은 당시 미국대통령 선거에서 처음 도입된 TV토론회까지 영향을 미치게 되었다. 전체 주를 순회하고자 무리한 일정으로 피곤에 찌든 모습으로 토론회에 참석한 닉슨의 모습과 활기찬 자세로 참석했던 케네디의 모습은 TV를 보는 유권자들에게 대조적으로 비치게 되었다. 이것은 닉슨이 선거에서 패배하는 데 결정적 요인 중 하나가 되었다.

 즉 닉슨은 유권자 전체를 대상으로 한 선거운동을 했으며, 케네디는 자신이 공략해야할 지역과 유권자를 타켓으로 설정한 뒤 집중적으로 선거운동을 펼쳤던 것이다. 이와 같이 공략해야할 타겟을 설정하는 것은 선거 전략에서 매우 중요하다.

2012년 대선에서 새누리당 박근혜 후보가 당선될 수 있었던 큰 요인 중의 하나는 50대 연령층이 압도적으로 지지해 주었기 때문이었다. 사회적으로 불안정한 50대를 타켓으로 설정하고 효과적인 정책을 제시해 안정감을 준 결과다. 역으로 민주당은 50대의 '이반(離叛)'을 읽어내지 못했다. 피상적인 공략의 결과 충격적인 결과를 맛보게 되었던 것이다. 그렇다면 타겟층을 어떻게 설정하는 것일까.

① 예상 투표율과 당선득표율 산정

가상 선거구 자료를 통해 타켓팅을 살펴보자. 선거구 조건은 편의상 두 개 정당이 경합하는 지역으로 설정했고, 무효표는 없다. 다음 표는 최근 세 차례의 선거에서 가상 선거구의 A당, B당 득표현황이다

〈가상지역구의 정당별 득표현황〉

선거별	투표율(%)	A당득표율(%)	B당득표율(%)
1회	65	55	45
2회	63	47	53
3회	60	56	44

위의 표 선거구를 분석 해보면 지난 세 번의 선거 중 두 번을 A당이 당선

됐었고, 가장 최근의 선거에서도 A당이 당선됐다. 이렇게 보면 A당이 유리해 보이지만 당락 표차는 모두 15%p 이내로 압도적이지 않다. '예상 투표율'은 선정된 선거 투표율을 평균 내는 것이 가장 일반적이다. 따라서 이 선거구의 예상 투표율은 62.7%이다. (각 선거별 투표율의 합 ÷ 3)

'예상 당선득표율'은 각 선거마다 당선된 후보의 득표율을 더해서 선거 횟수로 나누면 구할 수 있다. 득표율은 전체 투표수에서 당선자가 획득한 표의 비율로 구할 수 있다. 따라서 이 선거구의 예상 당선득표율은 54.7%로 나온다. (각 선거별 당선득표율의 합 ÷ 3)

두 데이터를 바탕으로 예상 당선 목표를 구할 수 있다. 유권자수에 예상투표율과 예상 당선득표율을 넣으면 간단히 당선 목표치를 산정할 수 있다. 이러한 득표 목표는 지역별로 세분화해서 목표치를 세우는 것이 좋다. 각 읍·면·동 뿐만이 아니라 투표구별로 목표를 세워 점검해 나가면 무적 선거가 될 것이다.

② 정당기본득표율과 부동층 추정

정당에 대한 충성도는 당원들만 갖고 있는 것은 아니다. 당원은 아니지만 어떤 경우에도 같은 정당에 일관되게 투표하는 유권자가 있다. 흔히 '텃밭'이란 지역에 이런 경우가 많지만, 경합지역이라 불리는 곳에서도 적지 않다. 이런 표를 '정당기본표'라고 한다.

정당기본표의 규모를 파악하는 가장 일반적인 방법은 그 정당이 최악의 성적을 냈던 선거의 득표율을 참고하면 된다. 이것을 해당 정당의 기본득표율이라고 할 수 있다.

위의 가상지역구 표에서 A당이 가장 저조한 성적을 보인 선거는 2회로 47%이며 B당이 가장 저조한 득표율을 보인 선거는 3회로 44%이다. 정당 고정표로만 본다면 이 선거구는 A당의 우세지역이라고 할 수 있겠으나 그 차이는 미미하다.

부동층 규모는 두 정당의 평균득표율에서 정당의 기본득표율을 빼면 구해진다. 예시로 든 선거구는 A당과 B당밖에 없으므로 두 정당의 평균득표율의 합은 100%이다. 그리고 두 정당의 기본득표율 합은 91%이다. 따라서 이 선거구의 부동층 규모는 다음과 같이 추정할 수 있다.

> 두 정당의 평균득표율합계(100%) − 두 정당의 기본득표율합계(91%) = 9%

주의할 점은 이것이 전체 유권자 수를 기초로 한 부동층이 아니라 투표에 참여한 유권자에서의 부동층 규모라는 점이다. 예상치 못한 정치적인 이슈로 투표율이 이전보다 더 높아지면 이런 부동층 비율은 더 올라갈 수 있다.

여기까지 결과로 볼 때 예상 당선득표율인 54.7%에 근접하려면 A당은 자신의 기본표인 47%에 7.7%의 부동층이 더 필요하며, B당은 자신의 기본표인 44%에 10.7%의 부동층 표가 더해져야 한다는 결론이 나온다.

(3) 우세지역과 열세지역 공략을 명확히 해라

우리나라 대통령선거에서 정당별 우세지역과 열세지역 구분은 명확히 드러나 있다. 따라서 새누리당은 절대적 지지가 있는 영남지역과 절대적 열세지역인 호남지역의 경우엔 여론을 환기시키는 정도의 선거운동을 펼치게 된다. 또한, 민주당은 절대적 지지가 있는 호남지역과 절대적 열세지역인 영남지역에 당세를 집중하지 않는다. 두 개의 당이 집중하는 지역은 부동층이 가장 많아 선거의 판세를 가르게 되는 수도권과 충청권이 된다.

지방선거도 마찬가지다. 몇 개의 선거를 비교 분석해보면 읍면동별, 투표구별로 일정한 경향을 나타내게 된다. 이때 A정당을 지지했다가 다른 선거에서는 B정당으로 지지를 바꾼 유권자가 많은 지역이 부동층이 많은 지역이다. 이러한 부동층을 파악하는 방법을 '티켓 스플리터(Ticket-Splitter)'라고 한다. TS수치가 높은 지역을 우선순위로 공략 순서를 정하면 된다.

▶ 티켓 스플리터(Ticket-Splitter : TS) 분석[1]

> * TS수치 = (비교대상 선거 중 해당정당의 투표구별 최고 득표율) −
> (비교대상 선거 중 해당정당의 투표구별 최저 득표율)

예시로 든 선거구에서 선거별 각 정당의 투표구별 득표와 TS수치는 다음과 같다.

---

1) 《선거전략기획을 위한 선거공학론, 2009, 김학량》 86~88쪽 참고

⟨각 정당의 선거별 투표구별 득표율 및 TS수치⟩

투표구	3회		2회		1회		TS수치	
	A당(%)	B당(%)	A당(%)	B당(%)	A당(%)	B당(%)	A당	B당
가	56	44	55	45	50	50	56-50=6	50-44=6
나	55	45	45	55	40	60	55-40=15	60-45=15
다	57	43	52	48	45	55	57-45=12	55-43=12
라	50	50	40	60	43	57	50-40=10	60-50=10

이 결과로 본다면 A당의 우선 공략지역은 나 투표구가 될 것이고 B당도 나 투표구가 될 것이다.

각종 통계자료는 판단자체가 아니라 판단의 근거일 뿐이다. 따라서 앞에서와 같이 투표구별 동일한 TS수치가 여러 개가 나왔을 경우 우선순위를 어떻게 정해야 할 것인가 하는 문제가 있다. 이런 경우는 인구통계, 여론조사 등을 활용한 투표구의 사회경제적 분석을 통해 우선순위를 정하는 것이 좋다.

예를 들면 수도권에서는 주민들의 주택소유율이 높은 지역이 투표율이 높고 특정 정당을 지지한다는 통계적 분석이 있다. 또한 학력, 소득 등의 격차에 따라 선호하는 정당에도 차이가 있다. 자신이 어느 계층에 인기가 있으며 그런 계층이 어느 투표구에 많이 거주하는지 살펴보는 것도 선거운동의 우선순위를 결정하는 데 고려해야 할 사항이다.

지방을 예로 든다면 하나의 선거구 안에 여러 개의 시군이 포함된 국회의원 선거구의 경우 자신이 그중에서 가장 선거인수가 많은 지역 출신이라면 그 지역에는 다른 곳보다 상대적으로 자원을 덜 집중해도 될 것이다. 만약 유권자수가 다른 곳보다 압도적으로 많다면 이곳만 집중적으로 선거운동을 전개할 수도 있다.

(4) 나의 프레임을 구축하라[2]

선거에서 프레임(Frame)을 구축하는 것은 다른 무엇보다 중요하다. 나의 울타리 안에서 싸우는 것과 남의 울타리에서 싸우는 것을 비교하면 어떠한 상황이 더 유리하겠는가? 상대를 나의 울타리에 가두어 놓고 하는 싸움은 특별한 경우를 제외하고는 절대적으로 유리한 결과를 가져오게 된다.

프레임은 이슈를 통해 구축된다. 이슈를 어떻게 제기하고, 방어하느냐에 따라 프레임이 다르게 형성된다. 이슈를 관리하는 방법에 대해서 알아보자.

① 먼저 이슈를 제기하는 사람이 이긴다

정책적 이슈이든 개인적 이슈이든 이슈는 먼저 제기하는 쪽이 '재미'를 보게 된다. '최선의 방어는 공격'이란 말은 선거전에서도 유효하다. 먼저 제기하는 쪽이 재미를 보는 가장 큰 이유는 선거 기간은 짧고 새로운 이슈를 만들기가 쉬운 일이 아니기 때문이다.

---

[2] 2011년 서울시선관위 연구반에서 내부 자료로 만든 '당선로드맵'이라는 자료를 참고해 발췌·보완했다.

네거티브적인 공격을 하게 되면 반론을 하지 못하고 선거가 끝나 버리는 경우도 있다. 선거에서는 누구를 원망해도 아무 소용없다. 내가 먼저 이슈를 제기하고 끌고 나가는 것이 최선의 방책이다.

이슈 제기가 공격이라면 대응은 방어다. 방어를 잘 해낸다면 역습의 기회를 노릴 수도 있겠지만 그 기회가 오기 전에 선거가 끝날 수도 있다. 확실하게 반격을 하지 못하면 대응의 모습은 도리어 약하게 보이게 된다. 특히 상대방의 이슈 제기를 명백하게 뒤집거나 역공할 명분이나 근거가 없는 경우 더욱 그렇다. 또한 제대로 정리되지 못한 대응은 상대방의 재 대응을 불러오고 이 과정이 이슈를 증폭시키는 경우도 있다. 이런 모습이 비춰지면 유권자들은 선거의 주도권이 상대방에게 넘어갔다고 생각하게 될 것이다.

② 반론을 제기하려면 확실하게 하라

상대방의 공격이 명백한 흑색선전이거나 정책이 허점투성이의 포퓰리즘(Populism)일 경우 반론을 제기할 수 있다. 그러나 반론을 제기할 때는 상대의 공격이 유권자들에게 어느 정도 반응을 일으킬 수 있는 경우에 해야 한다.

주의할 것은 반론을 제기하더라도 명백한 증거를 제시하지 못하고 말로만 "아니다"라고 해명한다면 "아니 땐 굴뚝에 연기 날까" 하는 유권자 심리를 쉽게 가라앉히기 힘들 것이다. 사람들은 믿고 싶은 것만 믿고 또 부정적인 것은 더 잘 믿는 경향이 있기 때문이다. 이런 행동은 "무엇인가 사실이기 때문에 저렇게 적극적으로 부정하는 것이다"라는 생각을 들게 할 수도 있다. 반론에는 이런 위험성이 있다.

따라서 개인적 이슈의 경우 자신에게 제기된 이슈가 명백하게 흑색선전이라면 반론을 제기함과 동시에 '거짓말쟁이'라고 하면서 역으로 상대방의 도덕성을 이슈로 제기하거나 민·형사상 소(訴)를 제기할 수 있다. 이것이 제대로 성공한다면 상대방은 거짓말쟁이라는 오명을 쓰게 되고 경우에 따라서는 선거법으로 처벌을 받아 정치적으로 재기불능이 될 수도 있다.

③ 영향이 미미하면 무시하고 넘어가라

"너무도 황당해 대응할 가치도 없다"는 인상을 주는 것이다. 이슈에 따라서는 처음에는 별 것이 아니었는데도 대응을 통해 이슈가 확산될 수도 있다. 따라서 상대방이 제기하는 이슈에 대해 유권자들이 시큰둥해하거나 대응하면 오히려 확산될 것 같은 사안이라면 별다른 대응을 하지 않는 것이 상책이다. 상대방이 바라는 것은 자신이 제기하는 이슈가 사람들에게 퍼지는 것이 아니라 이슈를 미끼로 공방하는 과정을 통해 선거의 주도권을 가지려는 의도일 수도 있기 때문이다.

상대가 이슈를 제기했을 때 무시하고 넘어갈 수 있는 사안인지는 유권자들의 반응을 보고 판단해야 한다. 유권자들도 각자 판단할 수 있는 기준이 있기 때문에 구체적이지 못하거나, 너무 황당한 내용을 말하면 동요가 없다. 이럴 경우는 철저히 무시하고 가는 것이 좋다.

2등도 아닌 꼴찌후보의 공격은 가급적 피하고 가는 것이 좋다. 지지율이 낮은 후보는 대립구도를 1등과 형성해야 유리하기에 1등을 대상으로 공격하게 되어 있다. 이러한 의도로 덤비게 되는 후보에게 맞상대를 하는 것은 술수에 말리게 되는 결과를 초래하게 된다.

④ 더 강력한 이슈를 제기하라

예를 들면 자신에게 제기된 이슈가 '성추문'인데 상대방 이슈로 제기할 수 있는 게 '위장전입 의혹' 정도라면 이것은 효과 없는 대응이 될 것이다.

정책적 이슈에 대한 대응에서도 마찬가지다. 상대방이 제시한 정책적 이슈보다 좀 더 강력하게 유권자의 마음을 흔들 수 있는 이슈가 있어야 한다.

상대 정당의 중앙당 차원에서 제시한 정책적 이슈가 전국에서 호응을 얻어 바람을 타고 있다면 강력한 지역 차원의 이슈로 이 바람을 상쇄시키거나 선거판도를 자신에게 유리하게 만들어야 한다. 지역 차원의 이슈라고 해서 전국적 이슈보다 파급력이 덜한 것은 아니다. 전국적인 가뭄 속에서도 특정 지역에서만 단비가 내릴 수 있는 것이다.

⑤ 불가피하면 인정하고 넘어가라

선거에서도 때에 따라서는 정직이 최선의 방법이다. 이슈가 제기되어 대응책을 고려하고 있는데 상대방이 제기한 이슈가 사실이고 유권자들의 관심을 돌릴만한 이슈도 없고 별다른 방법이 없다면 잘못을 진솔하게 인정하고 유권자의 용서를 빌어야 한다. 그래야 상대방이 더 이상 공격하지 못 하게 할 수 있다. 후보가 진정으로 반성하는 모습을 보여주면 유권자들의 동정표를 얻을 수도 있을 것이다.

용서를 비는 행위는 빠르지 않으면 효과가 없다. 변명을 일삼다 나중에야

어쩔 수 없이 인정을 하게 되면 '버스 떠난 뒤에 손 흔드는 격'이다. 오히려 상황을 악화시키는 결과를 초래하게 된다.

3) 단계별 전략[3]

(1) 1단계(준비~예비후보 등록전) - '인지도 없이 지지도는 없다'

① 인지도, 호감도, 지지도

　소비자는 상품을 보고 그 물건의 용도, 품질, 디자인과 실용성 등을 검토한 후 구매 여부를 생각하게 된다. 그리고 생산자는 망설이는 소비자의 구매의욕을 불러일으킬 수 있도록 판매 광고를 하고, 소비자가 이에 대한 만족감을 느낄 때 비로소 지갑을 열게 되는 것이다. "어떤 사람이나 물건을 알아보는 정도"가 '인지도'의 사전적 의미이다. 선거에 있어 인지도란 "유권자가 후보를 알아보는 정도"라고 할 수 있을 것이다.

　선거는 유권자에게 후보를 알리는 것에서 시작한다. 물론 최종적으로 이것이 표로 연결되기 위해선 단순히 후보를 알리는 것만으로는 부족하다. 유권자의 감정을 호감으로 발전시켜 후보를 위해 투표소로 발걸음을 옮기게

---

[3] 2011년 서울시선관위 연구반에서 내부 자료로 만든 '당선로드맵'이라는 자료를 참고해 발췌·보완했다.

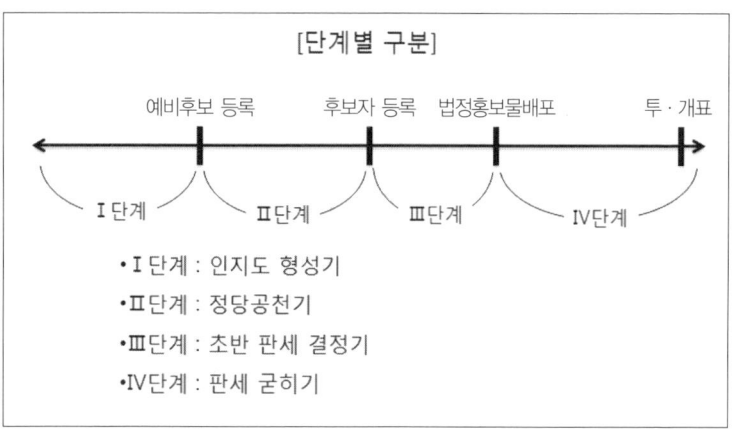

해야 한다. 즉 인지도를 호감도로, 다시 지지로 연결해 표가 되게 하는 득표 전략이 필요한 것이다.

'단순노출효과'는 폴란드 출신의 미국 사회심리학자 로버트 지욘스(Robert B. Zajonc)가 1960년대에 처음으로 제시했다. 그는 일련의 실험을 통해 단순노출효과를 입증했다.

먼저 그는 대학생들에게 12장의 얼굴 사진들을 무작위로 여러 번 보여 주고 얼마나 호감을 느끼는지를 측정했다. 사진을 보여주는 횟수를 0회, 1회, 2회, 5회, 10회, 25회 등 6가지 조건으로 나누고 호감도를 분석한 결과 사진을 보여 주는 횟수가 증가함에 따라 호감도도 증가했다. 즉 모르는 사람의 사진도 자꾸 반복해서 보게 되면 친근감이 생겨 호감을 느끼는 것이다. 단순노출효과는 대인관계에서 주로 나타나는데, 다른 조건이 동일할 경우에는 자주 만나는 것이 곧 호감 형성의 결정적 요인이 된다는 것이다. 우리나라 속담인 '몸이 멀어지면 마음도 멀어진다'도 같은 의미라고 볼 수 있다. 만남의 빈도가 잦아질수록 친숙해지고 호감도를 상승시킬 수 있지만 몸이 멀어지면 마음도 멀어져 그만큼 호감도 역시 떨어지게 된다.

단순노출효과는 '에펠탑효과'라고도 한다. 에펠탑은 프랑스 대혁명과 1889년 파리에서 개최되는 '파리만국박람회'를 기념하기 위해 알렉상드르 귀스타브 에펠(Alexandre Gustave Eiffel)이 건립한 것이다. 지금이야 파리의 대표적 상징물로 여겨지지만 초기에는 시민과 예술가들의 반대에 부딪혔다. 원래 파리는 5, 6층짜리 고풍스러운 고딕 양식 건물로 이루어진 도시인만큼 300m의 흉측한 철탑은 도시와 어울리지 않는다는 이유에서였다. 특히 파리의 작가, 화가, 조각가, 건축가들은 '르 탕(Le Temps)'에 '예술가의 항의'라는 글을 발표해 에펠탑을 공식적으로 배척하기도 했다.

그러나 1989년 탑이 완공된 후 여론은 180도로 달라졌다. 건립기간 동안 매일 눈에 띄게 보이는 거대한 철탑에 '정'이 들었던 것이다. 이처럼 처음에는 관심도 없거나 혹은 싫어하던 대상도 계속해서 마주치게 되면 나중에는 친근해져서 호감을 갖게 되는 것을 단순노출효과라 한다.

선거에서도 마찬가지다. 후보의 지지도를 높이기 위해서는 먼저 유권자들에게 많이 노출이 되어 인지도를 상승시켜야 한다. 후보의 인지도를 높일 수 있는 가장 확실한 방법은 유권자와 만나는 것이다.

그러나 무조건 많이 만난다고 반드시 표로 연결된다고 볼 수는 없다. 상대방이 나를 강하게 부정하는 대상이라면 만남이 그 부정적인 감정을 심화시키는 것이 단순노출효과의 한계점이기 때문이다. 결국 호감도를 상승시킬 수 있는 '긍정적인 이미지'를 찾는 것이 중요하다. 따라서 유권자와 만날 때는 준비된 만남을 해야 한다.

② 인지도를 높이기 위한 방법

선거운동이 가능한 기간은 선거운동 개시일부터 선거일 전일까지 총 13일에 불과하다. 명함 배부, 전자우편 발송 등 제한된 방법으로 선거운동이 가능한 예비후보 기간을 포함한다고 해도 최대 120일을 넘지 못한다. 정치신인이 유권자들에게 자신을 알리기에 4개월이라는 기간은 턱없이 부족하다.

따라서 출마를 염두에 두고 있다면 선거운동 기간에 얽매이지 말고 선거법이 허용하는 테두리 안에서 지역사회에 자신을 알리기 위한 꾸준한 노력과 활동이 필요하다.

a. 나를 얘기해줄 사람이 필요하다

선거는 후보 혼자 할 수 있는 것이 아니다. 후보가 가입하거나 참여할 수 있는 단체나 모임에도 한계가 있다. 따라서 후보를 대신해 이미지를 높여주고 지지를 이끌어내 줄 주변 사람들의 도움이 필요하다.

아래 표에서 보듯이 유권자가 후보를 인지하는 데에는 언론매체 외에도 가족·친구·이웃 간의 대화가 상당한 영향을 미쳤음을 알 수 있다.

가족·친구 모임에서 "이번 선거에서는 평소 지역발전을 위해 열심히 일한 OOO이 당선되었으면 좋겠다"는 정도의 발언을 하는 것은 선거에 관한

⟨투표참여 유권자의 후보 인지 경로⟩

(단위 : %)

TV·신문 등 언론 매체의 보도	27.7
가족·친구·이웃과의 대화	**26.5**
TV대담·토론회 및 방송연설	24.6
정당·후보의 각종 홍보물	11.3
후보 등의 거리연설·대담	4.5
선거벽보	2.9
인터넷 선거운동	1.5
선관위 홈페이지	0.9
현수막	0.1

중앙선관위, 2008, 《제18대 국회의원선거에 관한 유권자 의식조사》

단순한 의견개진으로 선거법상 무방하다. △선거에 관한 단순한 의견개진 및 의사표시 △입후보와 선거운동을 위한 준비행위 △정당의 후보 추천에 관한 단순한 지지·반대의 의견개진 및 의사표시 △통상적인 정당 활동 △직무상·업무상의 행위 △의례적·사교적인 행위는 선거운동으로 보지 않기 때문이다.

물론 이러한 의견에는 진심이 담겨있어야 한다. 의욕만 앞서 후보를 과대 포장한다면 상대방에게 반감을 가지게 하거나 사전선거운동에 해당되어 선거법을 위반할 수도 있다. ('판결문으로 본 알기쉬운 선거법 해설' 제4장 부정선거운동 참조, 2013, 석탑출판)

b. 내 주변에서부터 시작하라

'사회 연결망 조사'를 보면 우리사회는 평균 3.6명을 거치면 서로 연결된다. 한 표에 의해 당락이 결정되기도 하는 선거에 있어 인간관계의 중요성은 아무리 강조해도 지나치지 않을 것이다. 특히 유권자가 서로 연결되어 있다면 더 말할 나위가 없다.

이솝 우화에서 토끼는 거북이에게 경주에 지고 만다. 많은 해석이 있을 수 있겠지만 거북이의 성실과 끈기가 토끼의 자만심을 이긴 것이라고 할 수 있다. 내가 출마할 선거구를 내 집 앞 텃밭이라고 생각하고 평소에도 물도 주고 거름도 뿌려야 한다. 관심과 정성 없이는 열매가 맺히지 않기 때문이다. 내 이웃에서 시작해 점차 선거구 전체로 인지도를 확산시키는 전략이 필요하다.

c. 단체나 모임에 인연을 만들라

단체 현황을 데이터베이스화 했다면 그 다음은 활동할 수 있는 단체를 선별해야 한다. 그렇다면 어떤 단체가 후보를 위해 든든한 지원 조직이 되고 표가 될 것인가.

첫째 향우회나 종친회, 동창회는 구성원의 동질성으로 인해 선거에 미치는 영향력이 크므로 무조건 가입하는 것이 좋다. 특히 우리나라의 경우 학연, 지연, 혈연을 중시하는 연고주의 성향이 강하므로 위와 같은 단체의 결속력 및 영향력이 매우 크다. 자신을 알리는 데 '고향마을 옆동네 대추나무집 아들'이라고 소개하는 것보다 더 좋은 방법은 없다. 이미 회원으로 가입

2010년 지방선거에서 핫이슈로 부상한 '무상급식' 정책은 생활정책 이슈가 선거에 어떤 영향을 미칠 수 있는지를 잘 보여준 사례로 꼽힌다. 사진은 당시 서울의 한 초등학교를 방문해 급식봉사를 하고 있는 민주당 정세균 당시 대표(가운데)와 김진표(오른쪽), 이종걸(왼쪽) 의원.　　　　사진_뉴시스

돼 있다면 회장이나 총무 등 모임을 주도할 수 있고 현실적으로 회원들에게 영향력을 행사할 수 있는 자리에서 자연스럽게 활동하는 것도 좋다.

둘째 자신이 꾸준히 활동할 수 있는 단체에 가입해야 한다. 운동, 취미, 종교생활 등 자신이 좋아하는 것이라면 어느 것이라도 상관없다. 가령 조기축구회에 가입했는데 몇 달에 한 번씩 얼굴만 내민다면 회원들인 선거구민들이 알아볼지는 몰라도 호감이나 지지로 발전할 가능성은 적기 때문이다.

바쁜 일정이나 직업상의 이유 등으로 모임에 지속적으로 참석하지 못하더라도 회원의 의무인 회비는 꼭 납부함으로써 그 단체에 애정이 있음을 나타내 줘야 한다. 단체 구성원으로서 그 단체의 정관·규약 또는 운영관례상의 의무에 기하여 종전의 범위 안에서 회비를 내는 행위는 선거법상 기부행위로 보지 않는다. ('판결문으로 본 알기쉬운 선거법 해설' 제1장 기부행위 금지·제한 위반죄 참조, 2013, 석탑출판)

③ 여론을 확산시키기 위한 방법들

a. 집토끼를 먼저 잡아야한다

　전국이 선거구인 대통령선거와 비례대표국회의원선거를 살펴보면 여당이나 제1야당은 어떠한 경우에도 일정한 수준 이상의 표를 얻는 것을 볼 수 있다. 이는 정당마다 일정한 지지층을 형성하고 있기 때문이다.

　오른쪽 표에서 알 수 있듯이 한나라당은 전체 투표율 변화에도 불구하고 정당 득표율의 변화가 미미하지만, 민주당은 투표율 하락으로 정당 득표율이 크게 하락하였다. 이는 곧 투표율 하락이 민주당 지지층의 기권에 상대적으로 더 많은 영향을 미쳤다는 것을 의미한다. 지지층 결집이 중요한 이유는 바로 여기에 있다. 투표율 등 외부적 요인에 관계없이 내 지지자들의 발걸음을 어떻게 투표소로 향하게 하느냐, 그것이 득표로 가는 열쇠가 된다는 것이다.

b. 출판기념회를 활용하라

　선거운동 기간 이전에 선거운동은 아니지만 사람들을 모이게 할 수 있고 합법적으로 선거운동과 같은 홍보효과를 볼 수 있는 대표적인 행사가 출판기념회다.

⟨대통령선거와 비례대표국회의원선거 득표율⟩

선거	선거인수	투표자수	투표율(%)	정당득표율(%)	
				새누리당	민주당
16대 대선 (2002년)	34,991,529	24,784,968	70.8	11,443,297 (46.2) (한나라당)	12,014,277 (48.5)
17대 총선 (2004년)	35,596,497	21,581,550	60.6	8,083,609 (37.5) (한나라당)	8,957,665 (41.5) [열린우리당]
17대 대선 (2007년)	37,653,518	23,732,854	63.0	11,492,389 (48.4) (한나라당)	6,174,681 (26.0) [대통합민주신당]
18대 총선 (2008년)	37,806,296	17,415,666	46.1	6,421,727 (36.9) (한나라당)	4,313,645 (24.8)
18대 대선 (2012년)	40,507,842	30,721,459	75.8	15,773,128 (51.6)	14,692,632 (48.0)
19대 총선 (2012년)	40,181,623	21,806,798	54.2	9,130,651 (42.8)	7,777,123 (36.5)

이런 이유 때문에 선거가 임박해 오면 '출마기념회'로 불릴 만큼 입후보 예정자들의 출판기념회가 봇물을 이룬다.

출판기념회는 선거일전 91일까지만 개최할 수 있다. 보통은 최대한 선거일에 가깝게 개최하는 것이 유리하지만 공천이 불확실한 경우 당내 경선이 임박한 시기에 개최하는 것도 염두에 둬야 한다.

인지도가 낮은 정치신인의 경우 유권자가 쉽게 접근할 있는 웨딩홀, 구민회관 등 선거구 내에 교통이 편리한 장소에서 개최하는 것이 좋다. 이를 통해 후보는 입후보에 앞서 자신의 조직을 확인하고 지지층을 결집시키는 효과를 노려야 한다.

저서 내용은 자신의 자서전이나 수필집 형식으로 간단히 읽힐 수 있는 내용이 적합하다. 후보에 대한 소개, 정치신념, 발자취 등을 기술하면 선거사무원, 자원봉사자 교육 시 활용할 수 있어 일석이조의 효과를 볼 수 있다. 예비후보자기간이라면 예비후보자공약집 출판기념회도 가능하다. 또한 유명인과의 공저도 생각해 볼만 하다.

c. 의정보고는 현역의 특권이다

현역의원이 원외 출마예정자와 평소 활동에서 가장 두드러진 차이는 선거일 91일 전까지 가능한 의정활동보고라고 할 수 있다. 의정활동보고는 선출된 의원의 정치적 책무인 동시에 고유한 직무활동으로, 그 활용범위가 넓고 방법 또한 다양하다.

현역의원은 △보고회 등 집회 △보고서(인쇄물, 녹음·녹화물 및 전산자료 복사본을 포함한다) △인터넷 △문자메시지 △송·수화자 간 직접 통화방식의 전화 △축사·인사말(게재하는 경우를 포함한다) 등을 통해 의정활동(선거구활동·일정고지, 그 밖에 업적의 홍보에 필요한 사항을 포함한다)을 선거구민에게 보고할 수 있다.

다만 선거일전 90일부터 선거일까지 직무상의 행위 그 밖에 어떤 이유를 불문하고 인터넷에 의정활동보고서를 게재하는 외의 방법으로 의정활동을 보고할 수 없다.

의정활동보고는 사실상 제한이 없다시피 할 정도의 다양한 방법으로 의정활동과 업적을 홍보할 수 있다. 선거운동기간 전의 선거운동이라고 할 수 있을 정도로 그 효과 또한 뛰어나다.

(2) 2단계(예비후보등록~입후보 등록)
– '정당공천을 받아 유리한 구도를 만들라'

① 예비후보자등록, 사실상 선거운동의 시작이다

a. 예비후보자등록 후부터 가능해지는 선거운동

예비후보는 예비후보자등록 후부터 △선거사무소의 설치 △지지·호소와 명함 배부 △예비후보자홍보물의 발송 △어깨띠를 착용할 수 있다. 사실상의 선거운동이 시작된 것이다. 현역의원과 그렇지 못한 후보들과의 형평성을 맞추기 위해 예비후보등록 제도를 두게 된 것이다.

어깨띠는 법이 허용하는 규격 한도 내에서 변형된 모양으로 만들어 착용하거나, 소재의 제한이 없으므로 전광소재나 발광소재로 만드는 것도 가능하다. 이런 점을 이용하여 다른 예비후보와 차별성을 두기 위해 특이한 모양의 어깨띠를 만들어 착용하는 것도 가능하다. 단 선거법상의 규격제한을 초과할 수는 없다.

예비후보자등록을 하면 예비후보는 전자우편을 통해 선거운동을 할 수 있다. 인터넷 홈페이지를 이용한 선거운동은 상시적으로 허용되어 있지만 이메일이나 트위터 등 직접적으로 유권자에게 다가설 수 있는 선거운동은 예비후보자등록 후부터 가능해지는 것이다. 이메일에 의한 선거운동으로 효과를 보려면 그 전부터 SNS 등을 이용해 기반을 다져 놓는 것이 바람직하다.

예비후보자등록 후부터 예비후보는 전화와 문자메시지를 통해 선거운동을 할 수 있다. 특히 문자메시지를 통한 선거운동은 인지도 제고에 큰 효과가 있는 만큼 선거구민의 전화번호 확보 등 준비에 최선을 다하여 예비후보자등록기간 중의 소중한 기회를 잘 활용해야 할 것이다. 문자메시지의 자동 동보통신의 방법에 의한 발송은 선거일 전일까지 5회의 한도 내에서 가능하다.

b. 예비후보자기간의 중점 추진전략
- 선거는 구도에 의해 이미 60% 당락이 결정된다

예비후보자기간에 가장 중점을 두어 추진해야 할 전략은 인지도 제고를 위한 활동과 지지기반이 견고한 주요 정당의 공천을 받는 것이다.

앞에서 언급한 바와 같이, 일반적으로 유권자가 후보를 지지하게 되기까지는 '후보 인지→후보에 대한 호감→후보 지지'의 3단계를 거친다. 예비후보자기간은 공식적인 선거운동을 시작하는 단계인 만큼, 우선은 예비후보자 본인의 인지도 제고에 집중하는 것이 좋다. 예비후보에 대한 기본적인 사항을 알고, 어느 정도 호감을 가진 상태에서 구체적인 정책과 공약을 이야기해야 예비후보에 대한 지지로 쉽게 연결될 수 있기 때문이다.

따라서 이 시기에는 구체적인 공약과 정책 제시보다는 예비후보의 '이름'과 선거전략에 따라 부각시킬 '경력', 선거구민에게 각인시킬 예비후보의 '이미지' 등을 홍보하는 데 집중하는 것이 바람직하다.

정당정치 하의 선거는 공천 여부에 당락이 크게 좌우되는 만큼, 정당의 공천을 받는 것이 중요하다. 보통 정당공천은 예비후보자기간 막바지에 결정된다. 그러므로 정당공천은 예비후보자기간에 가장 염두에 두어야 할 일이다.

예비후보자기간의 정당공천 전략은 예비후보 자신이 공천을 목표로 하고 있는 정당의 구체적인 공천정책에 따라 적절하게 세워야 한다. 당원에 의한 경선으로 공천을 결정할 경우에는 당원을 모집하고 관리하는 것이 가장 중요한 일이 될 것이고, 여론조사에 의해 공천을 결정할 경우는 선거구민에 대한 인지도를 제고하는 것이 가장 중요한 일이 될 것이다. 어느 쪽이 되었든지 간에 예비후보는 정당의 공천정책의 변화에 촉각을 곤두세우고 그에 따른 공천준비에 만전을 기해야 한다.

어느 싸움이나 몇 명이 상대를 어떻게 나누느냐에 따라 승패가 결정되는 경우가 많다. 아무리 뛰어난 장수도 중과부적인 경우는 패배할 수밖에 없기 때문이다. 1대1로 싸우느냐, 1대2로 싸우느냐, 역으로 2대1로 싸우느냐에 따라 싸움의 판도는 달라질 수 있다.

선거에서도 어떻게 편을 나눠 싸우느냐에 따라 거의 승패가 결정된다. 2010년 지방선거 당시 충청권에서 민주당이 선전했던 것도 지지층이 비슷한 새누리당과 자유선진당이 표를 나누었기에 가능했다.

이렇듯 선거에서 '구도'는 선거 승패를 가르게 된다. 예비후보 기간 동안 바로 선거의 구도가 확정이 되기에 무엇보다 자신에게 유리한 선거 구도를 만들기 위해 최선의 노력을 다해야 한다.

구도는 상황에 따라 어떤 후보에게는 불리하게 작용할 수 있고 어떤 후보에게는 반사이익이 될 수도 있다. 예를 들어 후보 단일화의 경우 후보 본인에게는 지지표가 결집하는 것이지만 상대 후보의 입장에서는 반대표가 결집되는 것이다. 반대로 내부경쟁자가 공천에 불복해 무소속으로 출마하는 경우 후보 본인은 지지표 분산을 걱정하게 될 것이고 상대 후보 입장에서는 반대표 분산이기 때문에 반사이익이 되는 것이다. 공천 논란이 잘 마무리되지 않고 잡음이 계속된다면 구도 변화에 상응하는 영향을 미치게 될 것이다.

사실 구도를 자신에게 유리하게 짜기 위해서 전략적인 접근을 할 수도 있다. 예를 들면 양자 구도 하에서는 상대 후보와 이미지나 출신지가 같은 사람이 출마하도록 유도하거나(이 경우에도 선거법에 저촉이 되는 행위를 해선 안된다) 자신의 선거조직에 영입하는 방안이 있을 수 있고, 3명 이상이 경합하는 경우에는 자신의 이미지나 정치성향, 지지기반 등이 비슷한 후보를 먼저 공략하거나 단일화를 이끌어내 1:1 대결구도로 몰아가는 것이 유리할 것이다. 2010년 4·27 재보선 때 성남 분당을과 전남 순천 등에서 야권 연대가 위력을 발휘한 것은 참고가 될 것이다.

후보 단일화는 이제 일상적인 전략이 되었다. 지방선거, 특히 수도권에서는 전체 득표율 100% 가운데 45대 45의 싸움으로 치러질 가능성이 높고, 나머지 10%을 누가 끌어들이느냐가 관건이라는 전망이 나온다. ('판결문으

로 본 알기쉬운 선거법 해설' 제3장 매수 및 매수유도죄 참조)

② 예비후보자등록 후 활동방법

a. 명함은 유일하게 배포하는 홍보물이다

명함 배부는 예비후보 등이 유권자를 직접 접촉하고 지지를 호소할 수 있는 선거운동 방법이므로 예비후보가 할 수 있는 선거운동 중 비교적 효과가 큰 선거운동방법이라고 할 수 있다.

2010년 7월 인천 계양을 국회의원 재보궐 선거에 출마한 박인숙 민주노동당 후보가 유권자들에게 명함을 건네며 지지를 호소하고 있다.　　　　　　사진_ 연합뉴스

예비후보자등록 후부터 예비후보, 그의 배우자와 직계존·비속 및 예비후보와 함께 다니는 선거사무장·선거사무원·활동보조인, 그리고 예비후보 또는 그의 배우자가 그와 함께 다니는 사람 중에서 지정한 각 1명은 명함을 배부하거나 지지를 호소할 수 있다.

한편 선거사무장, 선거사무원, 활동보조인은 단독으로 다니면서 지지를 호소하거나 명함을 배부할 수 없다. 이들은 반드시 예비후보와 함께 다니면서 지지·호소와 명함 배부를 해야 한다.

지지·호소와 명함 배부를 꼭 같이 할 필요는 없고 둘 중 어느 하나만 해도 상관없다. 예전에는 반드시 명함을 배부하면서 지지·호소를 해야 했지만, 현재는 선거법이 개정되어 명함 배부 없이 지지·호소만 하는 것도 가능해졌다.

따라서 후보자가 종친회 등 집회에 참석하여 인사말을 하면서 지지·호소를 하는 것도 가능하다. 명함 배부가 가능한 5명(예비후보, 그의 배우자, 직계존·비속, 선거사무장, 선거운동원 등) 이내의 사람들이 거리에 도열하여 다수의 선거구민에게 인사하는 방법으로 지지·호소를 하는 것도 가능하다. 그러나 예비후보가 거리에서 유권자를 만나는 일반적인 상황에서는 예비후보의 지지·호소를 듣고, 명함이라는 인쇄물로 다시 상기시켜 주는 것이 유권자에게는 더 기억하기 쉬우므로 동시에 하는 것이 바람직할 것이다.

〈지지·호소와 명함 배부를 할 수 있는 사람〉

구 분	단독으로 할 수 있는 사람	예비후보와 함께 다닐 때만 할 수 있는 사람	1인의 명함 배부자를 지정할 수 있는 사람
예비후보	○		○
배우자	○		○
직계존비속	○		×
선거사무장 선거사무원 활동보조인	×	○	×

b. 예비후보자 홍보물은 전략적으로 활용해라

예비후보는 선거구에 있는 전체 세대수의 10%에 해당하는 세대에 예비후보자홍보물을 보낼 수 있다. 발송시 사용할 세대주 명단은 구·시·군의 장에게 신청할 수 있다. 신청 시에는 지역별·연령별·성별 등의 조건을 정하여 신청할 수 있는데, 전략적으로 면밀히 검토하여 신청하는 것이 좋다. 무작위로 발송하는 것보다 선별된 대상에게 집중적으로 보내는 것이 더욱 효과적이기 때문이다.

일반적으로는 구·시·군청에서 받은 명단을 활용하여 발송하지만 꼭 이 명단에 의해서만 보낼 필요는 없다. 즉, 별도로 관리하고 있는 명단을 활용하여 각종 단체의 간부 등 여론주도층, 소속정당의 당원에게 빠짐없이 보내서 홍보 효과를 극대화하여야 한다.

예비후보자홍보물의 발송 시기는 최근에 본 것이 더 기억이 잘 남으므로 정당의 공천일정 등을 고려하여 될 수 있으면 시기를 늦추어 보내는 것이 좋다. 예비후보자홍보물에 들어갈 공약, 선거구호 등은 추후에 제작하는 선거공보와 일치하도록 일관되게 작성하여 공약과 선거구호를 유권자에게 반복적으로 홍보하는 것이 더 효과적이다.

c. 홈페이지 및 전자우편, 특화된 콘텐츠를 제공하라

SNS의 비약적 성장으로 인해 향후 인터넷 홈페이지와 전자우편을 이용한 선거운동은 점진적으로 감소할 것으로 예상된다. 그러나 후보로서는 시간과 공간의 제약을 뛰어넘어 신속하게 정보를 전달할 수 있다는 점에서 위 두 가지 매체를 이용한 선거운동을 포기할 수 없을 것이다. 어떤 방식으로 홈페이지나 전자우편을 활용해야만 선거운동에 큰 효과를 볼 수 있을 것인가. 여러 가지 방법이 있을 수 있겠으나, 여기에서는 세 가지 정도로 정리해 소개하려고 한다.

첫째 특화된 콘텐츠를 제공함으로써 유권자에 어필하는 것이 좋다. 학부모 유권자를 위한 '우리 아이 특목고 보내기', 재테크에 관심이 많은 30~40대 직장인을 위한 '유용한 주식 정보' 등 자신만의 특화된 콘텐츠를 유인 요소로 활용한다면 유권자들의 이목을 집중시킬 수 있을 것이다.

둘째 쌍방향적인 소통이 가능한 메뉴를 도입하는 것이 좋다. 선거에서 SNS가 뜨고 있는 이유는 그것이 일방적 의사전달에 그치는 것이 아니라 유권자의 의견 역시 실시간으로 후보에게 전달될 수 있기 때문이다. 답장이 온 전자우편에 대해서는 반드시 답신을 보냄으로써 유권자의 말에 귀를 기울이고 있음을 보여주는 것이 좋다.

이메일을 통해 모범적으로 지역을 관리하고 있는 사례가 있다. 2012년 오산시의회 의장으로 재임 중인 최웅수 의장은 매일 아침이면 자신의 지인 3만 명에게 아침편지를 보내고 있다. 명언구나 멋진 시와 함께 전날 신문에 실린 만평을 같이 실어 보낸다. 여기에는 특별한 지지를 호소하거나 자신을 알리는 내용은 아무것도 없다. 그러나 이 편지를 받고 누구나 호감을 가질 수밖에 없을 것이다. ('판결문으로 본 알기쉬운 선거법 해설' 제4장 부정선거운동 참조, 2013, 석탑출판)

③ 정당공천 받기위한 활동 방법

현재 대부분의 정당들이 공천심사위원회를 별도로 구성하여 당원과 국민들의 의견을 수렴하는 상향식 공천을 시행하고 있다. 따라서 정당공천을 받

2010년 지방선거 당시 한나라당 서울시장 후보 경선 토론회에 참석한 후보자들이 손을 들어 인사하고 있다. 왼쪽부터 김충환, 오세훈, 원희룡, 나경원 후보.
사진_ 뉴시스

기 위해서는 당내 경선을 통과해야 하는 어려움이 있다. 특정 지역에서는 예선이 곧 본선이어서 당내 경선이 당락을 가르는 경우가 되기도 많다.

특히 2014년 지방선거와 관련해 야권의 경우 연합공천 등 공천방법이 다양하게 논의될 전망이다. 새누리당도 국민의견을 대폭적으로 수렴하는 공천 제도를 선택해야 한다는 의견이 힘을 얻고 있는 상황이다.

이러한 상황에서 각 당의 핵심당원은 경선에 가장 큰 영향을 끼친다. 따라서 경선준비에 있어 핵심당원 모집은 어떤 경선방식이 채택되든 가장 중요한 일 중 하나다.

당원은 당비를 납부하는 당원과 당비를 납부하지 않는 일반당원을 모두 포함한다. 후보가 당비를 납부하는 당원을 모집하는 것은 현재의 정치 환경에서 결코 쉽지 않은 일이다. 따라서 후보와 가까운 친인척, 동문, 친구 등 지인을 통해 확보하는 수밖에 없다. 당비를 대납해 주거나 입당대가를 지급하면 선거법 위반으로 처벌받을 수 있으니 각별한 주의가 필요하다.

정당마다 공천규정이 다르지만 최근 변화는 대의원이나 핵심당원에게만 부여했던 공직후보자 선출권한을 일정 부분 당비를 납부하지 않는 일반당원까지 확대하고 있다는 점이다. 따라서 경선을 위한 당원모집이 마감되기까지는 일반당원을 배가하는 조직사업도 심혈을 기울일 필요가 있다.

a. 당원관리는 어떻게 해야 하나?

현재의 정당은 과거의 총재나 당대표가 지배하던 보스정당과는 여러 가지 측면에서 다르다. 당 총재의 일방적인 낙점으로 공천을 주던 시대는 이미 끝났다. 일방적으로 보스나 계파가 과거와 같이 공천권을 마음대로 행사하기 쉽지 않기 때문에 누구 한 사람에게 의지해 공천을 받고자 한다면 큰 오산이다.

따라서 경선에 영향을 미칠 수 있는 지도부와의 유대관계도 중요하고, 지역 핵심당원들과 긴밀히 소통하는 것도 대단히 중요한 일이다. 경선이 전쟁이라면 핵심당원은 곧 나를 위해 앞장설 병사나 다름없다.

▶당원의 마음을 움직여라(평상시에 관리하라)

당원 관리는 보다 세밀해야 한다. 스쳐 지나가는 일반 유권자처럼 대하다가는 큰 코 다치게 된다. 한국 정치현실에서 정당의 당원으로 활동하고 있다는 사실만으로도 일반인보다 훨씬 더 정치에 민감하며, 지역 내 여론을 선도하는 사람들인 경우가 대부분이다. '발 없는 말이 천리를 간다' 는 속담처럼 당원들의 평가 한 마디가 지역 여론을 움직일 수 있다는 사실을 잊어서는 안 된다.

따라서 당원에게는 관심이든 애정이든 표시할 수 있는 정성을 다해야 한다. 가급적 애경사에도 반드시 참석하고 생일, 결혼기념일 등을 파악하여 축하 메시지라도 보내야 당원의 마음을 움직일 수 있다. 또 지역 당원협의회나 당원 모임 등 행사에도 적극 결합하여 활동하는 것은 지극히 당연한 일이다.

하지만 이런 경우라도 선거법상 기부행위 제한을 위반하지 않도록 각별하게 주의해야 한다.

▶애당심을 표출하라(동지의식을 형성하라)

정당 당원은 소속된 정당의 절대적인 지지자들이다. 따라서 소속된 정당의 정책이나 지도부에 대해서도 많은 관심을 가지고 있다. 정당 공천을 받아 공직후보에 나가고자 하는 사람이면 소속된 정당의 정책에 대해서 절대적인 찬동이 있어야 당원들과 같이 할 수 있다. 즉 동지의식을 같이 해야 하는 것이다.

2009년 국회에서 미디어법이 통과되었을 때 한나라당과 민주당 당원들은 수많은 정치인들로부터 상반된 휴대전화 메시지를 받아야 했다. 한나라당 예비후보자나 정치인들이 "축! 미디어법 통과"를 보낼 때, 민주당 당원들은 "날치기 미디어법 원천무효"라는 메시지를 받았다. 이처럼 애당심을 표출하는 순발력 있는 대응이 필요하다.

또 정당의 기관지인 당보를 이용할 수도 있다. 당보에 본인 글을 실을 수도 있고, 당보를 들고 직접 당원을 만날 수도 있다. 이러한 행위가 당원들에게는 투철한 동지의식을 갖게 한다.

젊은 당원들에게는 정당의 홈페이지나 유력 포털사이트에 논객으로 활동하는 것도 좋은 방법 중 하나다. 정치적인 쟁점에 대해서 본인의 의견을 게시하고 당원들과 같이 호흡하면 자연스럽게 접촉을 하는 것과 같은 효과를 얻게 된다. 또한 자신의 블로그를 SNS와 연동시켜 사회적 이슈에 대해 자신의 주장을 전달하는 것도 한 방법이다. 특히 SNS의 경우 이슈에 걸맞고 새로운 시각을 제시하면 수십 만 명의 누리꾼들에게 전달되어 사회의 핵심 정치논객으로 부상할 수도 있다.

▶구습에 젖은 당원이라고 무시하지 말라

지역에는 자유당 때부터 야당활동만 30년 이상 한 목소리 큰 당원과, 이승만정부 이래 줄기차게 집권여당의 당원만 고집한 원로당원이 있게 마련이다. 그런데 이런 당원이라고 해서 절대 무시해서는 안 된다.

어차피 한 표이며, 오랜 당원의 입에서 나온 후보에 대해 좋지 않은 말들이 엄청난 마이너스 효과를 낼 수 있다. 즉 도움은 안 되더라도 큰 손해를 끼칠 수 있는 사람들이라는 말이다.

b. 당선 가능성이 높아야 공천 받는다.

'대의 민주정치는 정당정치'라고 한다. 아무리 사람들이 정당의 정략적 행태에 신물을 내고 정당정치에 대한 불신을 토로해도 정당정치는 민주정치에서 없어서는 안 될 중요한 제도다. 현행 선거법이 무소속 후보와 정당 추천 후보와의 형평성 보장을 위해 많은 사항을 보완했지만 선거법 조항 조항마다 정당추천 후보가 유리하도록 규정되어 있는 것은 부인할 수 없는 사실이다. 정치 신인일 경우 정당공천의 중요성은 두말할 나위가 없다.

정당공천 즉, 정당추천 후보가 되면 자신을 추천한 정당으로부터 다양한 지원을 받게 된다. 각 정당마다 사정이 다르겠지만 선거자금 지원부터 선거기획, 정당조직 활용까지 정당추천 후보가 얻을 수 있는 혜택은 금액으로 환산하기 어려울 정도다. 또 각 정당 지지자를 등에 업고 선거에 임할 수 있다. 과거 특정 지역에서는 특정 정당의 공천만 받으면 당선될 정도였다. 그만큼 정당공천이 중요하다는 것을 알려주는 대목이다.

과거 각 정당은 특정인을 후보로 지목해 공천하는 하향식 공천이 대부분이었다. 하지만 이러한 공천방식이 밀실공천, 금품공천, 야합으로 이어지는 경우가 많아 적잖은 폐단을 낳았다. 이에 16대 국회의원 총선거부터 당원 또는 대의원들이 경선을 통해 후보를 선출하거나 객관적이고 공정성을 담보한 경선제도를 선택하는 공천방식이 보편화되기 시작했다. 민주당의 경우 2010년 지방선거 당시 일부지역에서 '국민참여 배심원 제도'까지 도입하기도 했다.

하지만 그럼에도 불구하고 경선 결과에 대한 잡음은 각 정당을 막론하고 여전히 남아 있다. 사실상 모든 선거의 후보를 경선을 통해 선출하는 것은 어렵다. 이런 이유로 대부분의 정당이 당헌당규에 의거 공천자를 지명하는 전략공천을 병행하고 있다.

▶ 정당의 일반적인 공천절차

1. 예비후보자 자격심사위원회에 예비후보 등록
   · 예비후보자등록일 15일전까지 심사완료
2. 공직후보자 공모
3. 공천심사위원회 심사진행
4. 2~4인 이내의 경선후보 압축 (이의가 있을시 서면으로 재심위원회에 이의제기)
   · 여론조사 결과, 지역 실사자료, 후보자가 제출한 서류 및 지역 주요 현안 해결방안 등을 참조하여 당선가능성, 공직적합성, 정체성, 개혁성 등을 토대로 함
   · 공모후보자 전원에 대한 개별 인터뷰 진행
5. 당내 해당 선거관리위원회에 경선후보자 등록
6. 경선 선거운동
7. 경선 및 당선자확정
   · 합동연설회 및 토론회, 선거공보, 전자공보
   · 다수득표제로 결정
8. 이의가 있을 시 재심위원회에 재심 요청
9. 절차에 따라 중앙위원회가 후보자 인준

선거 유경험자라면 당선에 가장 큰 영향을 미치는 요인으로 '정당공천'을 꼽는다. 그 이유는 우리나라 유권자들이 지지후보를 선택함에 있어 '소속 정당'을 첫 번째로 보기 때문이다. 다음으로 '인물'을 주요 선택기준으로 삼는다. 그렇다면 공천을 받기 위한 전제 조건은 무엇일까?

각 정당마다 다르겠지만, 공천의 결정기준은 '당선 가능성', '정당기여

도', '의정활동능력', '도덕성' 등 크게 4가지로 요약할 수 있다. 이 가운데 핵심은 '당선 가능성'이다.

물론 정당을 위해 얼마나 헌신했는지를 평가하는 '정당기여도'나 의정활동을 얼마나 잘 수행했는지(현역의 경우)와 수행할 능력이 충분한지(정치신인)를 평가하는 '의정활동능력' 그리고 부정·비리에 연루됐는지 여부를 확인하는 '도덕성'이 중요하지 않다는 것이 아니다. 하지만 공천에 있어서 핵심적인 평가는 '당선 가능성'이다.

'당선 가능성'은 '경쟁력' 또는 '후보적합도'로 달리 표현되기도 하는데, 출마를 희망하는 지역에서 후보의 지지도를 경선 또는 여론조사 등을 통해 평가하는 것이다. 이를 위해 후보자는 자신의 공조직과 사조직 등 가용할 수 있는 자원을 총 동원하여 지역사회에서 인지도를 높이고 지지기반을 확보하는 것이 매우 중요하다. (제2장 여론조사 읽기전략 분야 – '당내경선과 여론조사 활용전략' 참조)

c. 정당기여도가 높으면 유리하다

정당은 조직이다. 피라미드 형태로 거미줄처럼 이어진 정당의 조직은 인체의 혈관과도 같다. 경선의 경우에도 일종의 조직싸움이라고 할 수 있다. 후보 혼자서 할 수 있는 일에는 한계가 있다. 정당 조직구성원이 여론을 형성하고 전파한다.

아울러 당내에서 당직을 갖도록 노력하고 당내 행사에는 빠짐없이 참여함으로써 당에 대한 기여도를 높여야 한다. 또한 지역 내에서 실시되는 각종 행사 일정을 파악해 참여함으로써 후보로서의 위상도 높여야 한다. 어느 날 갑자기 입당을 조건으로 공천을 달라고 하면 당내에서 공천을 위해 말없이 일해 온 당직자들의 반발이 매우 심할 것은 불을 보듯 뻔하다.

현재 정당법상으로는 시도당이 정당의 최 일선이다. 개정된 정당법에 의하면 시군구, 읍면동, 국회의원 선거구 단위에 당원협의회를 둘 수 있지만, 공식적인 최일선은 해당 시도당이다. 시도당 간부 또는 각 지역별로 유력한 정당관계자와 친분을 쌓아나가야 한다. 공천도 사람이 하는 일이라는 것을 명심하자.

당내 경선이 당원투표나 당원대상 여론조사로 이뤄 질 경우 대부분 정당이 핵심당원을 그 주체로 한다. 본인이 직접 받은 당원의 입당원서는 추후 경선에서 든든한 후원세력이 된다. 한국인 정서상 지지할 의사가 없는 사람에게 입당원서를 써주지는 않는다. 부지런히 발품을 팔아 꾸준히 당원 원서를 받으면 묵시적인 선거운동 효과도 있을 것이다.

하지만 현행 정당법상 당비 대납은 금지되어 있으며, 선거법상 입당원서를 받을 때 본인에 대한 지지호소도 금지되어 있음을 유의해야 한다. 한편 각 정당마다 평상시에 당비를 납부하는 핵심당원 뿐 아니라 일반당원에게도 일정한 투표권을 부여할 전망이므로 경선 직전까지 꾸준하게 입당원서를 받는 것이 좋다.

▶2012년 국회의원 선거 주요 정당의 공천심사 기준(현역이 아닌 경우)

○ 새누리당의 경우
민주당처럼 항목별 점수를 공개하지 않고 △총선 및 대선승리에 기여할 인사 △지역주민에게 신망을 받으며 당선가능성을 갖춘 인사 △사회 각계각층의 목소리를 대변하며 정책입안 능력이 있는 인사 △엄격한 도덕성과 참신성을 갖춘 인사 △당 헌신도 및 사회기여도를 제시하고, 여성과 이공계, 소수자(장애인, 다문화가정, 북한이탈주민 등)에 대해 가산점을 부여함.

○ 민주통합당의 경우
△후보적합도·경쟁력 30점 △기여도 10점 △의정·사회활동 10점 △도덕성 10점 △정체성 20점 △면접 20점으로 구성됐고, 파렴치범이나 성범죄사범 등 형사범에 대해서는 금고 이상의 형이 확정된 경우는 공천심사에서 배제키로 함.(다만, 공심위에서 재적 과반수 찬성으로 그 사유를 인정할 경우는 구제할 수 있도록 함)

(3) 3단계(입후보 등록~홍보물 도착):
– '초반 판세가 끝까지 간다. 초반 기싸움에서 이겨라'

선거운동이 시작되면 그 동안 후보들이 준비했던 여러 가지 캠페인이 유권자들에게 알려지게 된다. 가장 먼저 들어오는 것이 거리에서 차량을 동원한 유세다. 그리고 선거운동원들이 거리거리마다 줄지어 후보 지지를 당부하고 인사를 한다. 하루에도 문자와 전화를 몇 통씩 받게 된다.

그런데 바로 선거 초반에 눈에 들어오지 않는 후보는 지지율을 높이는데 한계를 노정하게 된다. 선거 초반의 판세가 끝날 때까지 가는 경우가 많기 때문이다. 후보등록 전까지 선두를 달리던 후보가 선거운동 돌입 직후 지지율이 오히려 떨어지는 경우가 있다. 상대후보가 공격적인 선거캠페인을 펼

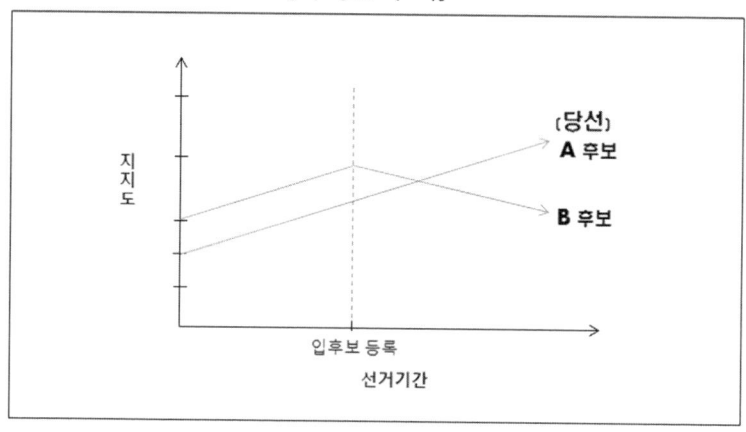

치는 결과이다.

반면 후보등록 전까지 지지율이 높지 않던 후보가 선거운동이 시작되자마자 지지율이 급상승하는 경우도 있다. 인지도가 낮은 정치신인들이 대부분 그렇다. 선거가 시작되자 활기차고 공격적인 캠페인으로 인지도가 높아지고 지지도가 같이 상승하는 경우다.

어떤 싸움이든지 초반에 기선을 제압당하면 다시 회복하기란 매우 어렵다. 더구나 선거기간은 다시 추스르고 가기에는 너무 짧은 기간이다.

위의 그림에서 B후보는 선거준비기간 동안 안일하게 준비했다. 선거시작 전 지지율이 높게 나온 것이 오히려 독이 된 것이다. 반면 A후보는 체계적이고 조직적인 선거캠페인을 진행한 경우다. 상대후보를 압도하는 유세, 차별화된 홍보, 후보의 인물평가 상승 등이 어우러져 만들어낸 결과다. 그러면 선거가 시작되는 초반의 기세는 무엇으로 만들 것인가.

① 거리유세로 동네를 들썩이게 하라

흔히 '거리유세' 또는 '가두연설'이라 부르기도 하는 공개장소 연설·대담은 선거법상 허용되는 확성기를 사용한 대중연설방법이며, 거리에서 할 수 있는 가장 중요하고 기본적인 선거운동방법이라고 할 수 있다.

선거운동기간 중 대부분의 유세활동은 공개장소 연설·대담(이하 '거리유세'라 한다)을 중심으로 이루어지고 있어, 공개장소 연설·대담차량은 군대의 야전사령부와 같은 역할을 한다고 할 수 있다. 운동선수가 경기장에 들어가면 경기방식을 알아야 하듯이 연설·대담에도 선거법상 다양한 규칙이 존재한다.

첫째 거리유세에서 연설·대담을 할 수 있는 사람은 후보·선거사무장·선거연락소장·선거사무원(이하 "후보 등"이라 한다)과 후보 등이 선거운동을 할 수 있는 자 중에서 지정한 경우다. 선거운동을 할 수 있는 사람이면 후보 등으로부터 지정을 받을 경우 연설·대담이 가능하기 때문에 사실상 연설·대담을 할 수 있는 사람에 대한 제한은 없다고 할 수 있다. 후보의 배우자나 직계존·비속이 공무원인 경우라도 다른 결격사유가 없는 한 선거운동이 가능하므로 후보 등으로부터 지정을 받아 연설·대담을 할 수 있다. 지정을 받기 위해서 관할 선관위에 신고할 의무는 없으며 지정 방법에도 제한이 없으므로 구두에 의한 지정도 가능하다.

둘째 거리유세가 가능한 장소는 도로변·광장·공터·주민회관·시장·점포·공원·운동장·주차장·선착장·방파제·대합실(검표원에게 개표하기 전의 대기 장소를 말한다) 또는 경로당 등 누구나 오갈 수 있는 공개된 장소 등이다.

거리유세를 반드시 차량이 정지된 상태에서 해야 하는 것은 아니다. 정차 중은 물론 이동 중에도 거리유세를 할 수 있다. 이 경우 차량에 부착된 확성장치를 사용할 수도 있고, 녹음기 또는 녹화기를 사용해 음악을 틀거나 소속정당의 정강·정책이나 후보의 경력·정견·활동상황을 방송 또는 방영할 수 있다.

셋째 거리유세를 할 수 있는 시간은 오전 7시부터 오후 10시까지다. 다만 휴대용확성장치만을 사용하는 경우에는 오전 6시부터 오후 11시까지 가능하다.

넷째 거리유세시 사용가능한 장비로는 지역구 국회의원 선거의 경우 자동차 1대, 자동차에 부착된 확성장치 및 휴대용확성장치 각 1조, 5㎡이내의 녹음·녹화기가 있다. 자동차와 확성장치에는 다양한 방법으로 정당 또는 후보의 홍보에 필요한 사항을 표시하거나 거리유세를 위해 필요한 설비를 할 수 있고 선거벽보, 선거공보 등 선전물을 첨부·게시할 수 있다. 이 경우 관할 선관위로부터 표지를 교부받아 붙여야 한다. 다만, 녹음·녹화기에는 표지를 부착할 의무가 없으며 선거벽보 등 선전물도 첨부·게시할 수 없다.

- ☞ 녹음·녹화기를 사용하여 음악당가 등 정당 또는 후보를 홍보하는 내용의 음악 포함을 방송하거나 소속정낭의 성상·정책이나 후보의 경력·성견·활동상황을 방송 또는 방영할 수 있으나 타 정당이나 타 후보에 관한 사항은 방송 또는 방영할 수 없다.
- ☞ 연설·대담을 하지 않거나 연설·대담을 일시적으로만 하고 녹음·녹화기만 계속 방송·방영하는 것은 선거법에 위반된다.(대전고등법원 2010. 12. 24. 선고 2010노462 판결)
- ☞ 녹음·녹화기에 차량부착용 확성장치나 휴대용 확성장치 외에 별도의 확성장치를 설치하는 것은 안된다.

② 연설원고와 연설원은 철저히 준비하라

거리유세는 유권자를 직접 만날 수 있는 대표적인 선거운동 방법으로, 후보가 공개된 장소를 직접 방문해 자신에 대한 지지를 호소하는 연설을 하거나 청중의 질문에 대답하는 방식으로 대담을 하는 것을 말한다. 거리유세는 선거운동기간 중 무제한으로 할 수 있고 또 그만큼의 효과도 거둘 수 있어 중요한 선거운동 방법 중 하나다.

유권자들은 후보가 직접 말하는 공약을 듣고 싶어 한다. 하지만 시끄러운 소리 등으로 인해 거리유세가 큰 호응을 받지 못하는 것 역시 현실이다. 유권자의 요구와 불만, 거리유세의 성패는 결국 이 두 가지 사이에서 균형을 찾는 것에서부터 시작된다.

기본적으로 연설의 주체는 후보다. 그러나 후보 이외에도 후보 등이 지명한 자는 누구든지 연설할 수 있으므로 후보가 연설을 잘 하지 못 할 경우 전문 연설원을 쓸 수도 있다. 그러나 이 경우 선거비용이 커질 수 있으며 후보가 직접 하는 연설만큼의 호소력을 가지지도 못한다.

또한 사실상 연설할 수 있는 자의 제한이 없다고 해 주먹구구식으로 연설할 경우 선거 분위기에 악영향을 미쳐 수많은 표를 잃는 결과를 초래한다는 것에 유념해야 한다. 후보의 연설내용이 완벽하지 않다 하더라도 연설기법이나 목소리가 좋다면 지나가는 유권자들은 그 후보를 한번이라도 더 쳐다보게 되고, 후보가 아무리 좋은 내용의 연설을 하고 있더라도 연설기법이나 어투에 세련미가 없다면 듣고 있을 청중은 거의 없다.

바로 여기에 스피치 연습을 게을리 하여서는 안 되는 이유가 있다. 연설은

지난 2009년 4월 실시된 인천 부평을 국회의원 재선거 벽보를 붙이고 있는 모습. 사진_ 연합뉴스

하루아침에 만들어지는 것이 아니다. 전문가 진단과 처방을 받아 연습하면 좋겠지만, 그렇지 않더라도 후보는 평소에 거울을 보거나 캠코더로 스스로를 찍어 보면서 연습해야 한다. 세련된 연설을 하기 위해선 평소 준비하고 연습해야 하는 시간이 필요하다. 연설내용이 아무리 좋더라도 같은 음색에 같은 톤으로 말해 듣는 유권자 귀를 피곤하게 한다면 오히려 후보에게는 득보다 실이 될 수 있다. 연설 중간에 재미있는 이야기를 덧붙이면 유권자의 피로감을 줄여주고 연설에 집중할 수 있도록 도와줄 수 있을 것이다.

또한 후보가 연설내용을 완벽히 소화하고 있으면 연설이 보다 쉬워질 수 있다. 상황과 장소에 맞는 메시지를 많이 만들어 놓고 시간에 따른 1분용, 3분용, 5분용 메시지도 준비해 놓으면 상황에 따른 적절한 대처가 가능하고 연설이 훨씬 쉬워지면서 자신감도 생기게 된다.

③ 유세차량은 움직이는 홍보물이다

　거리유세를 하다 보면 청중들이 연호를 하거나 로고송을 따라 부르기도 하고, 로고송에 맞춰 함께 춤을 추기도 한다. 한마디로 움직이는 공연장인 셈이다. 이 때 유세차량은 후보를 위해 마련된 공연 무대라 할 수 있는데, 유세차량의 효과적인 운영을 위해서는 사전에 고려해야 할 사항이 있다.

　우선 차량을 선택할 때는 도시와 농촌 등 환경적인 요소와 선거구의 크기가 고려되어야 한다. 시·도지사 이상의 선거에서는 교통중심지를 잇는 동선을 중심으로 유세하기 때문에 5톤 이상의 차량이, 그 이하 선거에서는 2.5톤 이하 차량이 많이 사용된다. 국회의원선거의 경우 유권자를 찾아 골목골목을 누빌 수 있고 주차가 용이한 1톤이나 1.5톤 차량이 많이 이용된다.

　무대가 크다고 무조건 좋은 것은 아니다. 그러나 후보에 따라서는 군 단위 지방의 경우라도 볼거리 제공과 유권자의 관심을 끌기 위해 5톤 이상의 차량을 선택하는 경우도 있다.

　또한 통상적으로 사용되는 트럭 형태의 거리 유세 차량 외에 일반 승용차, 자전거, 우마차 등의 다양한 운송수단이 가능하므로 유권자의 호기심을 자극하기 위한 방법을 고안하는 것도 고려해 볼 만하다.

　유세 차량을 선택했다면 다음으로 고려할 부분은 확성장치와 같은 음향시설이다. 소리는 확성장치를 통해 주변으로 퍼져나가므로 직접 보지 못하는 유권자에게도 후보의 공약을 알리고 지지를 호소할 수 있는 수단이 된다.

　선거운동기간 중의 유세차량은 후보의 움직이는 광고판이기 때문에 시간과 장소의 제한을 극복하기 위해 선택과 집중이 필요하다. 우선 후보의 성명, 기호, 사진과 함께 사용할 핵심이 되는 공약과 선거구호를 선별하고, 정당과 후보를 상징하는 색과 조화를 이룰 수 있는 글씨체와 배열을 찾아야 한다. 선거기획사에 후보의 차량 디자인과 관련된 생각을 먼저 제시하면 시간과 비용을 줄일 수 있다.

④ 영상홍보물로 유권자의 시선을 잡아라

무대가 마련되었으면 이제 무대를 꾸미고, 후보의 공연을 돋보이게 해 줄 춤과 음악 등을 준비해야 한다. 유세차량에서 이를 가장 충실히 보여 줄 수 있는 것이 영상홍보물과 로고송이다.

영상홍보물 제작에 있어 특별한 법적인 제한 사항은 없다. 후보가 알리고자 하는 내용을 충실히 담고 있다면 그것이 좋은 영상물이다. 다만 영상물은 유권자들이 거리를 지나치며 보는 경우가 많기 때문에 되도록 '짧게', 주요 메시지들이 '반복해서' 나올 수 있도록 제작하는 것이 좋다.

좋은 결과물을 얻기 위해서는 사전 기획을 충실하게 하고, 20일 이상의 충분한 제작기간을 두고 제작하도록 한다. 후보의 성장배경, 경력, 공약 등을 백화점식으로 나열하는 형식보다는 후보 장점과 선거구호 등을 만화 영상, UCC 등으로 제작하여 짧은 시간 안에 유권자에게 강하게 후보의 이미지와 선거메시지를 전달하는 것이 좋다.

유세차량의 설비 외에도 사람을 통해 유권자의 시선을 끌 수 있는 전략을 병행하는 것이 더욱 효과를 높일 수 있다. 특히 선거사무원과 자원봉사자 등의 율동은 후보마다 독창적으로 창의성을 줄 수 있는 부분이기도 하다. 율동은 경쾌한 로고송 등과 함께 즐길 수 있고, 쉽고 반복적이어서 유권자가 따라 할 수 있는 것이 더 효과적이다. 전문 댄서를 선거사무원으로 위촉하여 도움을 받는 것도 한 방법이다.

⑤ 다양한 연출로 시선을 끌어라

선거운동기간 동안 출·퇴근 시간대에 지하철 입구나 버스 정류장 근처에서 같은 색의 모자와 티셔츠를 입은 선거운동원들이 인사를 하는 모습이나 거리에서 서 너 명의 선거운동원들이 소품을 들고 가면서 선거운동을 하는 모습을 보았을 것이다.

하지만 선거철마다 대부분의 후보들이 다 하는 이러한 인사나 행렬을 통해서 유권자의 지지는커녕 제대로 된 관심조차 못 받을 수 있다. 뭔가 특색이 있어야 하고 하나를 하더라도 타 후보와 차별화되어야 한다.

선거법상 누구든지 선거운동을 위하여 후보가 없는 경우는 5인까지, 후보가 있는 경우라면 최대 10인까지 무리지어 거리를 행진할 수 있다. 단순히 걷는 것 이외에 북, 장구, 봉고 등 여러 악기를 이용한다면 시선을 끌 수 있어 연설·대담 차량에 의한 선거운동에 못지않은 효과를 볼 수도 있을 것이다. 후보는 무리지어 이동하는 중에 유권자에게 지지를 호소할 수도 있으며 선거법상 호별방문에 해당되어 출입이 제한되는 장소가 아니라면 공연에 이르지 않는 정도의 연출은 가능하다.

⑥ 퍼포먼스를 통해 언론을 타라

　공개장소 연설·대담이 일반적이고 가장 기본적인 선거운동방법이라면 후보의 창의력과 재치를 발휘한 각종 선거 퍼포먼스 연출은 유권자의 관심을 끌어들이고 후보를 적극적으로 알릴 수 있는 수단이라고 할 수 있다. 특히 후보가 유권자에게 알리고자 하는 매니페스토와 연결된다면 후보 인지도와 지지도를 단숨에 올리는 효과도 기대할 수 있다.

　나아가 특이하고 기발한 퍼포먼스는 선거쟁점, 선거구 이슈가 되는 각종 사업 등과 결부되어 다양한 연출이 가능하고, 부수적으로 중앙이나 지방일간지에 보도돼 인지도 상승에 기여할 수도 있다.

　지난 선거를 돌아보면 정당이나 후보들은 다양한 방법과 이벤트로 유권자 시선을 사로잡을 수 있는 퍼포먼스를 보여줬다. 가장 많이 볼 수 있었던 방법은 정당 로고가 새겨진 점퍼나 티셔츠에서 벗어난 특이한 복장을 활용한 것이다. 그 예로 텔레토비 복장, '무상급식 무상교육'이라는 글이 적힌 앞치마를 두른 요리사 복장, 포졸 복장, 농민 복장, 초등학교 앞 건널목에서 교통 정리하는 모범운전자 복장, 한복 그리고 고등학교 교복과 교련복 등이 있다.

　유권자 의식주와 밀접한 사회 이슈와 관련된 퍼포먼스도 호응이 좋았다. 대학에 돼지를 몰고 다니며 대학등록금을 낮추겠다는 공약을 홍보한 경우, 여성문제에 대한 관심을 표명하기 위해 남성후보가 하이힐을 신고 유세를 하거나, 고가도로 건설에 반대하는 뜻으로 삭발하는 장면을 연출한 후보들도 큰 호응을 얻었다. 쓰레기 종량제 봉투를 들고 유세현장을 누비는 후보,

거리 곳곳에서 후보를 알리는 복장을 하고 하루 종일 뛰는 마라토너 출신 선거사무원 등의 퍼포먼스도 유권자로부터 좋은 평가를 받았다.

  마지막으로 후보와 유권자가 상호 소통할 수 있는 방법의 퍼포먼스도 눈에 띈다. 경쾌한 로고송에 맞춰 유권자가 자발적으로 참여해 선거사무관계자와 함께 율동을 하는 모습이 가장 흔히 볼 수 있는 예이다. 여기서 더 나아가 선거사무소나 연설·대담 차량주변에 모금함이나 우체통 등을 설치하여 선거와 관련된 의견을 수렴하고 연설·대담시 확성장치를 이용해 건의사항을 읽고 후보가 답변하는 방식 등 후보가 활용할 수 있는 방법은 무궁무진하다.

⑦ 사람이 없어도 유세는 진지하게 하라

  후보나 후보 등이 지명한 연설원은 유권자가 많이 있는 곳에서 유세하고 싶어 한다. 그리고 사람이 없는 장소는 그냥 지나쳐 버린다. 그러나 이러한 자세는 자칫 유권자를 우습게 보는 태도로 비칠 수 있다. 발 없는 말이 천리를 가듯이 후보의 이러한 성의 없는 태도는 좋지 않은 소문을 낳게 되고, 이것은 곧 후보에게 불리한 여론을 형성하게 된다.

  한 번이라도 후보 등의 연설을 들어 본 것과 한 번도 들어보지 않은 것은 유권자의 표심을 흔드는 데 큰 차이가 있다. 집에 있는 사람도 멀리서나마 유세 내용에 귀를 기울이고 있다는 것을 알아야 한다. 물론 유권자를 찾아가 연설하는 것도 중요하지만 후보 등의 연설은 유권자에게 감동도 주어야 한다.

결론적으로 유세차는 아무도 없더라도 아파트 입구까지 들어가야 하며, 시골은 마을 구석구석까지 들어가 잠깐이라도 진심을 담아 인사를 하는 것이 백배의 효과를 내게 되는 것이다.

(4) 4단계(홍보물 도착~투표)
- "13일(법정선거운동기간)은 준비된 후보에겐 너무 짧고, 준비되지 않은 후보에겐 너무 길다"

① 상황에 따른 기본전략

판세분석 방법으로 가장 객관적인 것이 여론조사이며 이외에도 선거운동원들의 현장 분위기 보고, 전화홍보 모니터링, 후보자의 체감분위기, 지역신문 기자 및 경찰 등의 정보 등이 있다. 선거캠프에서는 이러한 각종 조사 결과와 정보를 종합해 객관적인 판세분석으로 선거 전략을 점검해야 한다.

판세분석에서 가장 많이 사용하는 여론조사는 현 시점의 지지도 보다 추세가 더욱 중요하다. 내가 상대후보를 앞서고 있지만, 과거에 비해 좁혀지는 추세라면 위험하다. 반대로 내가 지금은 뒤지고 있지만, 추격세를 보여 격차를 좁히고 있다면 바람직한 결과다.

a. 상대후보에 비해 확실한 우세일 경우
- '실수하지 말고 대표공약으로 밀고 나가라'

안정적인 관리방안을 모색해야한다. 따라서 내부의 실수를 예방해야한다.

첫째, 후보자는 말실수를 하지 말아야 한다. 특히 유세나 토론에서 상대후보의 공격에 감정적인 대응은 금물이다.

둘째, 과도한 상대후보 비판이나 허황된 공약을 제시해서는 안 된다. 상대에게 말꼬리가 잡힐 언행은 피해야 한다.

셋째, 운동원들의 불법 선거운동을 절대 금지시키고 철저히 관리하여야 한다. 부정선거가 적발되면 상대후보는 "OOO 후보는 당선되도 재선거하게 된다"고 설파해 뒤집기를 시도할 것이다.

넷째, 상대후보의 네거티브(Negative) 공격에 대한 대비책을 준비하여야 한다. 열세인 후보는 분명히 네거티브 공격을 하게 된다. 대응해야 할 것과 무시해야 할 것을 구분해야 한다.

다섯째, 상대후보의 부정선거운동에 대하여 적극적인 대책을 수립하여야 한다. 열세인 후보는 조급한 마음에 모든 수단과 방법을 동원하게 된다. 유인물 살포, 금품, 향응제공 등에 대한 철저한 대책이 필요하다.

여섯째, 운동원들의 자세가 해이해질 수 있으므로 끝까지 최선을 다하는 모습을 보여야 한다. 방심은 금물이다. 선거기간 2주면 뒤집을 수 있는 시간으로는 충분하다. 선거기간 초반에 월등히 이기고 있다고 마치 당선된 것처럼 캠페인도 대충하다 뒤집히는 후보들이 종종 있다.

b. 우열을 가리기 힘들 정도로 박빙일 때
– '부동층 공략방법에 대한 캠페인을 전개하라'

상대후보와 오차범위 내에서 접전을 벌이고 있다면 피를 말리는 나날이 될 것이다. 이럴 때 일수록 주먹구구식 선거를 하면 안 된다. 더욱 치밀하고 과학적인 분석을 통해 구체적인 준비를 하여야 한다. 접전을 벌이고 있을 경우 판세를 결정짓는 것은 선거캠페인이다. 누가 어떤 이슈를 가지고 어떻게 캠페인을 전개하느냐에 따라 선거판세가 기울게 된다.

첫째, 부동층을 움직일 수 있는 이슈를 전면화시켜야 한다. 이슈를 선점해 선거의 전체판을 이끌어가야 승리할 수 있다. 부동층이 많이 있는 계층을 향해 집중적으로 이슈를 제기해야 한다.

둘째, 취약지역에 대한 대책을 수립하여 집중적인 캠페인을 전개해야 한다. 선거운동원의 집중 배치도 필요하다.

셋째, 운동원들에게 승리에 대한 확신을 주어 자신감을 갖게 해야 한다. 운동원들의 사기는 판세를 가르는 중요한 요소가 된다.

넷째, 과학적인 유권자 분석을 통해 효율적으로 공략해야 한다. 확실한 우리표와 확실한 반대표를 대상에서 제외하면 나머지가 부동층이 되고 이들만을 대상으로 캠페인을 전개하면 훨씬 간편하고 효율적인 운동을 하게 된다.

다섯째, 제3의 후보 동향을 잘 감시해야 한다. 당선가능성이 없는 제3후보는 당선 가능한 후보를 지지하고 사퇴할 수도 있기 때문이다. 만약 이런 상황이 오면 선거 판세는 요동치게 된다.

c. 상대후보에 비해 확실한 열세일 때
– '결정적인 네거티브를 준비하라'

상대후보에 비해 크게 열세일 경우 막판 뒤집기가 가능한지 판단해야 한다.

첫째, 상대 지지층을 무력화시킬 수 있는 네거티브 공격을 검토해야 한다. 그러나 네거티브 공격은 상대를 무력화 할 수 있는 결정적인 내용이어야 한다. 조급하다고 근거 없는 내용으로 공격하다가는 허위사실 유포로 선거법을 위반하거나 명예훼손으로 고소를 당할 수 있다. 선거에 떨어지고 인간관계까지 잃어버려 정치적인 재기가 불가능할 수 있다는 것을 명심해야 한다.

둘째, 상대후보의 부정선거에 대해서 밀착감시 해야 한다. 결정적인 한건만 적발하면 가장 유력한 선거운동 거리를 만들 수 있는 것이다.

셋째, 끝까지 포기하지 말고 최선을 다해야 한다. 낙선하더라도 애처로울 정도로 열심히 운동을 하면 선거가 끝난 후 "OOO이는 참 아깝구먼", "OOO은 사람이 됐어" 같은 평가가 나올 수 있어야 정치적 재기도 가능하다.

② 선거 중후반에 있는 단체초청 대담·토론회는 철저히 준비하라

단체 초청을 받아 대담·토론회를 갖는 것은 후보로서는 매우 경제적인 선거운동 방법이다.

'대담'은 1인의 후보 또는 대담자가 소속 정당의 정강·정책, 후보의 정견 및 기타사항에 관해서 사회자 또는 질문자의 질문에 대해 답변하는 것을 말하고, '토론'은 2인 이상의 후보 또는 토론자가 사회자 주관 하에 대담과 같은 주제에 대해 사회자를 통하여 질문·답변하는 것을 말한다.

흔히 선거가 있는 해에는 사회단체에서 자신들의 정치사회적 비중을 높

이기 위해 토론회를 주관하는 경우가 있다. 그런데 후보자가 비중이 없는 사회단체의 토론회일 경우 준비없이 소홀히 나가는 경우가 있다. 단언하건데 준비없는 토론회는 나가는 것 보다 나가지 않는 것이 낫다.

토론회는 여러 명의 후보자들이 상호 비교되는 자리인 만큼 규모가 크든 작든, 비중이 많든 적든, 철저히 준비해야 한다. 토론회가 끝나고 나면 후보가 상호 비교돼 "OOO 후보가 똑똑하구먼" "OOO 후보는 아는 게 없어" 등의 소문이 나게 마련이다. 이러한 소문이 선거 분위기와 대세를 장악하는 요소가 된다.

a. 선거에서 위기는 어디서 오는가?
- 가장 무서운 적은 내부에 있다

선거 과정에서 가장 큰 위기는 상대후보의 공격으로부터 발생하는 것이 아니라 캠프 내부에서 일어난다. 흔히 발생하는 선거운동원 간의 분란은 두 가지이다.

첫째는 운동원들 간에 공명심이다. 선거에서 공을 세워야 후보자가 당선되면 훗날을 보장받을 수 있다는 생각에서 비롯된다. 운동원들 간에 질시와 반목이 있으면 선거는 굉장히 피곤해진다. 상대후보에 신경쓰기보다 내부의 운동원들 눈치만 보다가 선거가 끝나게 된다.

둘째는 돈 문제이다. 선거판에서 흔히 듣는 얘기가 "선거운동 해주는데 밥 한끼 사주는 사람 없네", "내 돈 내고 선거운동 하는 사람이 어디 있어" 등이다. 선거사무실에 있는데 누구하나 신경써주는 사람이 없으면 갈수록 선거사무실은 썰렁해지게 되어 있다.

  이러한 내부분열을 극복하는 힘은 후보에 대한 신뢰와 승리에 대한 확신이다. 후보에 대한 신뢰와 승리에 대한 확신을 갖기 위해서는 운동원들이 후보를 잘 알아야 하고, 선거정보를 풍부하게 공유해야 한다. 사전에 후보자에 대한 100문 100답 등을 통해 선거운동원과 후보자가 일체감을 형성하는 것이 중요하다. 일체감은 동지의식으로 승화되고 후보자와 운동원이 한 몸이 되는 것이다. 그러면 아무리 어려운 조건의 선거일지라도 승리할 수 있는 가능성이 열린다.

b. 선거에서 보안은 생명과 같다

  전쟁에서 전략을 구사하는데 가장 중요한 것은 적군의 동향에 관한 정보이다. 적군의 움직임을 잘 파악하여야 아군의 대응전략을 구사할 수 있기 때문이다.

  선거에서도 마찬가지이다. 상대후보 움직임과 전략을 파악해야 우리 후보의 선거전략을 구사할 수 있다. 따라서 선거판에서는 상대후보의 정보를 빼내기 위해 갖가지 수단을 동원하게 된다. (물론 선거법 위반이긴 하지만) 심지어 상대후보 선거운동원을 매수하는 경우까지 있다. 보안에 유의해야 할 사항으로 다음을 보자.

  첫째, 이런 경우가 없어야 하지만 실수로 선관위에 보고하는 공식 회계 이외에 선거자금을 집행했다고 해도 문서로는 남기지 말아야 한다. 흔히 자금 집행자가 후보에게 보고하기 위해 지출내역을 문서로 작성했다가 서류가 유출돼 당락에 영향을 미친 경우도 있었다.

둘째, 후보 일정표를 철저히 관리하여야 한다. 흔히 후보 일정표가 별것 아닌 것으로 생각하고 책상에 굴러다니는 사무실도 있다. 이메일을 통해 일괄적으로 보내는 사무실도 있다. 그러나 일정표는 대단히 중요한 우리 측의 전략이 들어 있다. 우리 후보 일정을 알게 되면 앞에든지 뒤따르든지 상대 후보는 다양한 전략을 구사할 것이다.

셋째, 조직원(당원) 명부 관리를 철저히 해야 한다. 우리 측 지지자에 대한 명부가 유출될 경우 상대 후보는 이들을 제외하고 선거운동을 하게 되니 훨씬 손쉽게 된다. 이들의 움직임을 집중 감시할 수 있어 우리 측 활동이 자유스럽지 못하게 되는 결과를 낳을 수도 있다.

넷째, 내부 조직원(당원)용 교육 자료를 잘 관리해야 한다. 선거캠프에서는 상대 후보 전략을 얻기 위해 위장된 조직원을 상대 후보 캠프에 보내 교육을 받고 오게 하는 경우도 있다. 교육자료는 상대 후보 전력을 파악하는 데 중요한 수단이 된다.

다섯째 , 상대 후보가 흘리는 역정보에 휘말려서는 선거를 망치게 된다. 신뢰할 수 없는 정보원에게서 나오는 내용은 몇 차례에 걸쳐 확인하는 작업이 반드시 필요하다.

선거준비에서 가장 중요한 준비 3가지

1) 참모진 구성
– '참모는 나의 분신이다'

(1) 유능한 핵심참모 구성은 선거 준비의 절반이다

  선거에서 캠프를 꾸리는데 있어 가장 어려운 일 중 하나가 유능한 참모를 찾는 일이다. 선거경험이나 기획력 있는 유능한 참모장 및 선거기획 전문가를 구하는 것이 선거에서 무엇보다 우선이다. 선거가 다가올수록 출마자는 준비된 것은 하나도 없는데 할 일은 많은 것 같아 허둥대기 일쑤다.
  그렇다고 해서 남들이 하는 식으로 의례적이고 통상적인 활동에 매달리다 보면 금방 시간이 가버린다. 따라서 이런 문제를 도와줄 핵심참모를 일찍 구할수록 제대로 된 선거를 준비할 수 있다.

선거는 후보와 똑같은 마음으로 운동을 하는 핵심참모가 어느 정도 준비되어 있느냐에 따라 결정된다고 해도 과언이 아니다. 선거사무장, 기획책임자, 조직책임자, 홍보·유세책임자, 회계담당자 등 주요 업무를 책임지는 핵심참모를 꾸리는 것은 선거준비의 절반이다.

핵심참모를 일찍 꾸리고 준비한 후보는 선거가 다가올수록 조직적이고 체계적으로 움직이게 된다. 그러나 참모를 급조한 후보는 선거가 임박할수록 우왕좌왕하다 시간을 다 보내게 된다. 따라서 유능한 핵심참모를 갖췄다면 이들에게 전권을 부여하고 믿고 맡겨야 한다. 모든 사항을 후보에게 일일이 결재받아 움직이는 선거조직은 일의 진척이 늦어지고, 참모의 창의성이 나올 수 없다.

(2) 이런 참모가 필요하다

선거 준비기는 참모를 구하고 호흡을 맞추는 기간이다. 따라서 좋은 참모를 구하는 일은 선거에서 승패를 좌우할 만큼 중요하며, 선거 캠페인의 반이라고 해도 결코 지나친 말이 아니다.

여러 분야의 참모가 필요한데 대략적으로 개괄하면 다음과 같다.

우선, 선거를 총괄하는 수석 참모가 있어야 한다. 선거 판세를 읽고 진두지휘 할 수 있는 정무적 판단과 조직, 캠프를 이끌어가는 리더십이 필요하다. 선거에 있어서 후보자 다음으로 영향력을 행사하는 후보의 최측근이어야 한다.

둘째, 기획을 총괄하는 기획참모는 전략 마인드가 있어야 하고 치밀하고 창의적인 사람으로 여론조사 분석, 보고서나 언론 보도자료 및 각종 선거관련 문서작성 능력과 인터넷 활용에 대한 이해능력이 있어야 한다.

셋째, 조직을 총괄하는 참모는 지역 사정에 밝고 폭 넓은 인맥을 갖춘 친화력 있는 인물이어야 한다. 아울러 선거운동원 등 조직 구성원의 애로사항 등 의견을 수렴해 사기를 진작시키고 지역 정보를 수집해야 한다.

넷째, 홍보·유세를 총괄하는 참모는 선거홍보물, 언론홍보, 전화홍보, 유세문 작성, 사이버 및 SNS 등 분야별로 후보의 좋은 이미지를 전달해야 하는 역할이므로 기본적으로 언론보도를 제공할 기사 작성 능력이 있어야 한다. 아울러 지역 언론사와 좋은 관계에 있는 사람이면 큰 도움이 될 수 있다. 기획팀장과 함께 후보의 좋은 이미지를 창출할 수 있는 전략적인 마인드도 필요하며, 후보의 강점과 상대 후보의 취약점을 일반운동원에게 주지시켜 효율적으로 홍보 전략을 시행할 수 있어야 한다.

마지막으로 회계책임자는 돈과 관련된 일을 처리하므로 회계업무에 능통하고 무엇보다 신뢰할 수 있는 사람이어야 한다. 선임된 회계책임자는 선거의 큰 흐름을 사전에 파악하고, 그에 수반되는 예산 계획을 수립한 후 확보된 정치자금 범위 안에서 선거비용제한액이 초과되지 않도록 정치자금을 적절하게 집행해야 한다.

그리고 선거경험이 많아 선거이론과 실무에 밝아 업무 추진력이 있고, 지역조직에 밝은 선거사무장도 미리 섭외해 두는 것이 좋다.

이러한 참모들은 후보와 정치를 함께 한다는 동업자 의식이 필요하다. 당선이후에도 함께 한다는 서로의 암묵적 동의가 이루어진다면 후보에 대한 충성심은 더욱 강해 질 수 있다.

이러한 핵심참모는 출마자를 잘 알고 있는 친지나 지인을 통해서 구하는 것이 가장 바람직하다. 출마자의 분신인 참모만 제대로 구한다면 선거준비의 절반은 끝낸 셈이다.

선거조직의 첫걸음은 후보 입장에서 파트너십(partnership)을 만들어가는 것이다. 파트너십은 후보의 3대 메시지(who, why, for what)를 후보 가족은 물론 참모, 자원봉사자들과 공유하는 것이며 선거라는 역사적 체험을 함께 한다는 차원에서 동지적 결속력을 강화해 나가는 것이다. 예를 들면 정책설문조사를 함께하고 의정보고서 배포 등 작은 것들을 같이 해나갈 때 1+1=2를 뛰어 넘는 조직의 힘이 생겨난다는 사실을 잊지 말아야 한다.

2) 선거기획사 선정
– '떴다방 기획사를 조심하라'

후보자가 선거를 준비하면서 막막할 때 찾는 곳이 선거기획사이다. 그런데 선거기획사를 잘 고르는 것도 선거에서 매우 중요하다. 어떤 후보는 선거가 시작되었는데 유세차가 나오지도 못해 우왕좌왕하다 선거가 끝나는 경우도 있었다. 어떤 후보는 법정홍보물 마감일을 맞추지 못해 애를 태우는 경우도 있었다.

특히 지방선거의 경우 후보자가 많다보니 한몫 챙기려고 선거기획사를 만들어 책임지지 못하는 일을 하는 업체가 부지기수이다. 기초의원 홍보물 같은 경우는 똑같은 레이아웃에 얼굴만 바꿔서 납품하는 경우도 허다하다. 이렇게 하고서도 홍보물 기획비로 수 천 만원을 요구하게 된다. 소위 '떴다방 기획사' 들이다. 괜찮은 기획사를 선정하기 위해서는 어떻게 해야 할까.

첫째, 그 동안의 실적을 반드시 살펴봐야 한다. 지난 선거에서 만들었던 홍보물을 직접 보고 판단해야 한다. 그리고 회사 연혁을 살펴 일회적으로 만든 기획사가 아닌지 꼼꼼히 살펴봐야 한다.

둘째, 여론조사 기능과 능력을 갖춘 전문가들이 얼마나 있는지 살펴봐야 한다. 정치권 주위에서 오갈 데 없는 사람들이 선거전문가라고 자처하며 만든 기획사들은 수없이 많다.

셋째, 기획사를 소개하고 알선비를 받아 챙기는 사람들을 조심하라. 선거기획사는 지방선거 특수를 맞이해 많은 물량을 수주하기 위해 소개비 명목으로 보통 계약금액의 10~20%의 수수료를 주게 된다. 소위 떴다방 기획사는 소개비를 많이 주고 그 만큼 후보자에게 폭리를 취하게 되는 것이다.

넷째, 신뢰할 수 있는 있는 사람으로부터 소개를 받아 검증 과정을 거치고 계약을 체결해야 한다. 계약은 홍보물 따로, 유세차 따로, 여론조사 따로 하게 되면 선거 컨셉트가 엉망이 될 수 있다. 가능한 한곳에서 선거 전체 컨셉에 맞게 모든 것을 진행하는 것이 좋다.

3) 선거사무실
– '표를 쫓아내는 사무실을 만들지 말라'

예비후보자 등록시 선거사무소 설치는 필수적인 것은 아니지만, 선거사무소 외벽에 현수막 등 선전물을 설치할 수 있어서, 그것 자체로 예비후보를 홍보할 수 있는 수단이 되므로 가급적 설치하는 것이 바람직하다. 또한 선거사무소가 있는 편이 예비후보로서도 선거구민에게 자신이 출마할 예정임을 대외적으로 알릴 수 있고, 공식적인 선거운동의 중심이 되는 시설로 삼을 수 있으므로 없는 것보다 있는 편이 나은 것은 당연하다.

선거사무소에 설치하는 선전물은 중요한 홍보수단이 되므로 우선 선거사무소를 홍보에 유리한 지점에 설치해야 한다. 또한 수립한 선거전략과도 부합하는 장소에 설치하여야 할 것이다.

예컨대 자신의 연고지역의 탄탄한 지지기반을 이용할 생각이라면 연고지역 내에 선거사무소를 설치하여야 할 것이고, 예상 후보자와의 경합지역에서 승부를 낼 전략이라면 경합지역에 설치하여야 할 것이다.

또한 선거사무소 외벽에 설치할 현수막 등 선전물은 예비후보의 인지도 제고에 중점을 두어야 할 것이다. 예비후보의 이름 석 자와 전략적으로 부각시킬 이미지를 사용한다. 또 대중의 관심사로써 찬반이 확실히 존재하고 선거결과에 직접적 영향을 미칠 수 있으면서 자신이 주도할 수 있는 이슈를 선정해 선거운동 슬로건으로 삼는 것이 아주 중요하다.

선거사무소에 대한 고정관념을 탈피해 이색적인 선거사무소를 개설한다면 선거구민의 눈길을 끌 수 있다. 예컨대 선거사무소를 '북카페'처럼 만들거나 선거사무소 내 일정 공간에 아이들 놀이방을 부대시설로 만들어서 지역 주민들이 편안하게 방문할 수 있는 분위기를 조성할 수도 있고, 선거사무소를 예비후보에 대한 작은 전시관처럼 꾸며서 한눈에 예비후보가 살아온 이력과 경력, 더 나아가 사람 됨됨이를 알고 느낄 수 있도록 하는 것도 좋은 방법이다. 또한 선거사무소를 개설하면서 선거사무소 개소식을 개최할 수 있는데, 이는 예비후보의 세를 과시하고 지지자를 결집시킬 수 있는 좋은 기회다.

지난 2009년 4월 29일 경북 경주시 국회의원 재보궐선거에 출마한 정종복 한나라당 후보의 선거사무실 외벽에 걸린 대형 현수막.
사진 _ 허신열

> ▶ 선거사무소 설치 시 유의사항
>
> * 선거사무소가 같은 건물의 다른 층에 걸쳐 있거나 같은 층에 분리되어 설치되어 있더라도 선거사무소의 기능·조직에 있어 하나의 선거사무소의 일부로 운영되고 이를 사전에 신고한 때에는 하나의 선거사무소로 본다.
> * 간판·현판·현수막은 애드벌룬을 이용한 방법으로는 설치·게시할 수 없으나, 야간에 잘 보이게 하기 위해 네온사인·형광 기타 전광에 의한 방법으로 설치·게시할 수 있다.
> * 처음 예비후보가 선거사무소를 설치할 때는 소규모 조직이지만, 후보자등록 후에는 선거사무원과 자원봉사자 등 많은 사람들이 드나들게 된다는 점을 고려하여 적절한 크기의 장소를 확보할 필요가 있고, 전화홍보실·회의실·접견실은 선거사무소 안에 별도 공간으로 마련하는 것이 좋으며, 선거사무원 및 자원봉사자들의 사기 진작을 위해 쾌적한 환경의 선거사무소 공간 설비도 중요하다.

〈4·11총선 따라잡기〉

자신 아파트에 선거캠프 '검소함' 승부수
사무소에 북카페 만들어 쉼터로

한나라당 안산 상록갑 박선희 예비후보는 'Cafe Sunny'라는 선거사무실을 열고, 이름 그대로 누구나 부담 없고 편하게 다가갈 수 있는 개방형 카페식의 선거사무실을 꾸며 유권자들의 이목을 집중시키고 있다. 사무실 안에는 카페 실내장식은 물론 은은한 커피 향이 코끝을 자극하고 박 예비후보는 사무실을 찾아오는 지역주민들을 직접 안내하고 서빙까지 담당하고 있다.

한나라당 화성을 현명철 예비후보도 동탄신도시 반송동에 문을 연 선거사무소의 이름을 '화성시민희망카페'라는 북카페로 일반 시민들이 자유롭게 드나들 수 있도록 운영하고 있다. 희망카페는 시민들이 편안히 쉴 수 있도록 컴퓨터와 각종 잡지 등을 갖췄으며, 잔잔한 음악까지 흘러나와 여느 북카페와 견주어도 손색이 없을 정도다. 여기에 통합진보당 수원 권선지역 윤경선 예비후보도 지난달 중순 예비후보로 등록하자마자 자신의 금곡동 아파트를 선거 캠프로 사용하는 등 검소함을 내세우며 승부수를 띄우고 있다.

이밖에 민주통합당 고양 일산동구의 유은혜 후보는 지역 내 어머니와 학부모 모임에 지속적으로 얼굴을 내밀어 유대관계를 강화하고 있으며 후보자의 공약과 당의 정책 내용을 담은 피켓까지 제작해 거리에서 홍보를 벌이는 등 예비후보들이 자신만의 톡톡 튀는 선거운동으로 관심을 끌고 있다.

한 예비후보 사무실 관계자는 "이색 선거사무실과 남들과 차별화된 선거운동이 예비후보지의 얼굴과 이름을 알리는 데 효과가 있는 것 같다"고 말했다.

경기일보 권혁준기자

후보자가
숙지해야 할 10계명

지금까지 내용 중에 후보자가 반드시 숙지해야할 사항을 10가지로 압축해 다시 한 번 정리해보자.

① **자신이 당선되어야 하는 이유를 분명히 밝혀라**

후보자는 누구를 만나든지 자신이 왜 출마했는지, 왜 당선되어야 하는지를 자신 있게 말할 수 있어야 상대를 설득할 수 있다. 나의 가장 큰 장점으로 상대의 약점을 누를 수 있는 이유를 분명히 찾아야 한다.

즉 이슈를 선점해 유권자를 설득하는 것이 선거에서 이기는 것이다. 흔히 "내가 고위 공직자를 지냈으니까 당연히 나를 지지해 주겠지" 또는 "열심히 발로 뛰기만 하면 나를 알아주겠지" 같은 막연한 생각은 환상이다. 유권자가 특정후보를 찍어야 하는 이유를 찾지 못하면 절대 표가 움직이지 않는다.

자신이 왜 출마하였고, 왜 당선되어야 하는지를 자신 있게 설명하지 못하면 누구도 당신을 지지하지 않는다는 것을 명심해야한다.

② 분신과 같은 핵심참모를 구성하라

선거는 후보자와 같은 운동원이 몇 명 있느냐에 따라 결정된다고 해도 과언이 아니다. 특히 주요업무의 책임을 지는 참모는 무엇보다 중요하다. 선거사무장, 기획팀장, 조직팀장, 회계책임자 등 핵심참모를 꾸리는 것은 후보가 제일 먼저 신경써야 할 가장 중요한 일이다. 핵심참모를 일찍 꾸리고 준비한 후보는 선거가 다가올수록 조직적이고 체계적으로 움직이게 된다. 그러나 핵심참모를 급조한 후보는 선거가 다가올수록 우왕좌왕하다 세월을 다 보내는 결과를 초래하게 된다.

③ 참모를 믿고 권한을 위임하라

선거를 하다보면 모든 사항에 대해서 후보자의 결재를 맡아야 일이 진행되는 캠프가 있다. 선전물의 자구하나까지 검토를 맡아야 하는 선거조직은 그 만큼 일이 진척이 되지 않고 참모의 창발성이 나올 수가 없다. 후보에게 결재 맡기 싫어서도 일을 회피해 버리는 수동적인 참모가 되어 버리는 것이다. 참모가 준비한 계획안이 후보 마음에 들지 않는다 해도 대세에 큰 지장이 없으면 참모 의견에 따라주어야 한다.

④ 유리한 선거구도 형성은 후보자의 몫이다

선거의 판세에 가장 중요한 것은 선거구도이다. 후보자가 누구누구와 상대하느냐에 따라 결정적인 변수가 되기 때문이다. 따라서 후보자 간의 연대나 지지는 매우 중요한 것이다. 그러나 이것은 후보자 외에는 아무나 할 수 없다. 후보자는 열심히 선거운동을 하는 것도 중요하지만 전체적인 틀을 보며 선거구도를 유리하게 하기 위한 구상과 정치력을 발휘해야 하는 것이다. 후보들 간에 역학관계, 정당간의 관계에 따라 유·불리를 면밀히 분석해 유리한 구도를 형성하는 것은 후보자 몫이다.

⑤ 운동원들의 사기를 높여라

선거전문가들이 이기는 선거인지, 지는 선거인지를 판단하기 위해 가장 먼저 보는 것이 선거운동원들의 사기다. 이기는 선거는 운동원들의 사기가 충천해 있다. 목소리에 힘이 있고 얼굴 표정이 밝다. 운동원들의 사기가 높으면 비록 현재는 지지도가 뒤지고 있어도 판세를 뒤집을 수 있는 가능성이 크다. 선거는 분위기를 타며, 이러한 분위기가 곧 여론이 되기 때문이다.

그런데 운동원들의 사기에 중요한 것은 후보자의 말과 자세이다. 후보자의 말 한마디가 힘을 뺄 수도 힘을 더할 수도 있기 때문이다. 예를 들어 후보자가 저녁 6시면 선거운동을 종료하고 쉬어버리면 운동원들이 저녁시간에 열심히 운동을 하겠는가? 후보자가 참모들에게 짜증이나 내면 후보를 위해 목숨 바쳐 일할 생각이 나겠는가.

후보자 말 한마디, 악수 한번, 행동 하나가 자신을 지지하는 운동원들의 사기와 표에 직결된다는 사실을 명심해야 한다.

⑥ 상대후보와 대결하는 모든 것에서 이겨라

　선거는 상대가 있는 게임이다. 따라서 유권자는 후보자를 비교해 상대적으로 나은 후보를 선택하는 것이다. 그래서 후보자들이 함께 대결하는 현장은 매우 중요하다. 예전에 합동연설회가 있었을 때는 비록 동원되는 청중이 다수일 지라도 합동연설회는 선거의 판세를 가르는 결과를 가져왔다. 왜냐하면 각 후보자를 비교할 수 있는 최대의 장이었기 때문이다.

　상대와 비교되는 자리에서는 반드시 이겨야 하고 최소한 비기는 결과는 가져와야 지지도 추락을 막을 수 있다. 현재 선거에서 상대후보와 대결하는 자리는 주로 TV등 초청토론회와 거리유세가 될 것이다.

⑦ 선거브로커를 잘 구별하라

　선거 때면 후보자들이 가장 곤욕을 치르는 것이 브로커들과의 만남이다. 한 표가 중요한 후보자에겐 표가 있다는 말에 솔깃하게 된다. 선거에서 "내가 표가 얼마가 되니 어떻게 해 달라"라는 말을 하는 사람이 나타나면 참모를 만나게 하고 무시해도 된다. 특히 엄격한 선거법 하에서 브로커와의 약속이 당선이 된 후에도 큰 낭패로 돌아오는 경우가 종종 있다.

⑧ 친인척이 선거 전면에 나서지 못하게 하라

　선거에서 친인척은 가장 필요하면서도 가장 조심해서 행동해야할 사람들이다. 친인척 중에 적극적으로 돕는 사람이 없어서도 안되지만 전면에 나서서 설치는 친인척이 있어서도 안 된다. 흔히 "그래도 믿을 사람은 친인척뿐이다"라는 생각으로 주요 핵심업무를 친인척에 맡기면 나머지 참모는 수동적으로 변하게 된다. 한마디로 친인척 눈치 보느라 피곤한 하루하루를 보내게 되는 것이다.

따라서 친인척은 누가 하기 싫어하는 궂은일을 시켜야 한다. 가능하면 사무실에 있지 말고 외부에서 유권자를 접촉하게 하고, 아니면 사무실에서 '청소하고, 밥하고, 차 대접하는' 일을 하는 것이 사무실 분위기에도 좋고, 참모들에게도 좋다.

⑨ 공약이나 약속을 남발하지 마라

선거가 되면 마음이 급한 후보는 되는 말이든 안 되는 말이든 공약이나 약속을 하게 된다. 국회의원 후보였던 어떤 후보는 지역의 유력한 정치인들에게 구청장 후보를 주겠다는 약속을 하도 많이 해 "도대체 우리 지역에 구청장을 몇 명이나 뽑냐"라는 불만이 나왔다. 당연히 후보의 신뢰성에 치명적인 결과를 가져왔다.

너무 허황된 공약은 유권자들이 바로 알게 된다. 지역 대표를 선출하는데 있어서 유권자들은 진실한 후보를 선호하는 것은 당연한 것이다. 정치인은 말에 대한 책임이 있어야 한다. 허황된 공약이나 약속은 결국 부메랑이 되어 자신에게 돌아오게 되어있다.

⑩ 유권자를 감동시키면 표가 되어 돌아온다

표는 유권자의 마음을 움직여야 오게 된다. 어떤 후보에게 표를 찍어야 하는 동인(動因)이 있어야 유권자는 투표장에 나가는 것이다. "어느 정당 때문에" "어느 후보가 똑똑해서" "어느 후보가 불쌍해서" 등 무엇인가 동인이 필요한 것이다. 이러한 동인 중에도 "저 후보는 선거운동을 너무 열심히 해" "저런 사람이 당선되어야 우리 지역이 발전 되지" 등 열심히 하는 후보에게는 반드시 유권자의 보답이 있다. 새벽에 주유소에 나가 택시기사에게 커피 한 잔 주며 인사하는 모습에 유권자는 감동하는 것이다. 그 감동은 바로 표가 되어 돌아온다.

제2장 | 여론조사 활용 전략

1 여론조사란 무엇인가?

1) 여론조사는 사람들의 생각을 파악하는 기술이다

　민주주의 핵심요소는 대중의 의견이다. 정치권에서 대중의 의견은 흔히 민심(民心)이라고 불리기도 한다. 이 책에서 대중의 의견은 민심으로 표현하기로 한다. 민주주의는 의사결정 과정에서 민심을 공식적이고 합법적으로 반영하기 위해 다양한 제도를 두고 있다. 정기적으로 실시되는 선거는 민심을 반영하는 대표적인 제도라고 할 수 있다.
　민심을 파악하는 방법은 여러 가지가 있다. 가장 손쉬운 방법으로는 후보나 선거 캠프의 운동원이 지역구를 돌아다니면서 유권자들의 생각을 알아보는 방법이 있다. 다만 이 경우에는 후보 또는 선거 캠프가 민심을 주관적으로, 유리하게 해석할 위험이 있다.
　또 언론에 보도되는 내용을 보고 민심을 파악할 수도 있다. 그러나 언론보도는 이면(裏面)에 숨어있는 내용을 꼼꼼하게 살펴보지 않으면 실체적인 진실에 접근하지 못할 수도 있다.

경찰과 같은 각종 정보기관도 민심을 파악한다. 정보기관은 나름대로 객관성을 추구하므로 비교적 정확하다. 정보기관이라고 해서 지레 경계하고 배척할 것이 아니라 가능하다면 적절하게 활용하는 것이 좋다. 좋은 관계를 유지하고 자주 소통할 필요가 있다. 여론조사는 앞의 민심 파악 방법과 달리 계량화된 수치를 보여주므로 매우 유용한 수단이라고 할 수 있다.

(1) 여론조사는 표본조사다

정치인들은 선거에서 민심을 반영하는 대표적인 수단으로 여론조사를 종종 활용한다. 정치인들이 민심을 파악하는데 여론조사를 활용하는 것은 사람들이 너무 많기 때문이다. 그 많은 사람들을 일일이 만나 얘기를 들어볼 수도 없다. 여론조사는 작은 수의 표본을 통하여 민심이 무엇인지를 파악하는 기술이다.

그렇다면 여론조사가 무엇인지 간단하게 살펴보자. 여론조사의 사전적 의미는 표본조사를 의미한다. 수많은 대중이 모집단이라면 표본은 이 중에 일부를 추출하는 단위를 말한다. 표본을 정확히 조사하면 수많은 대중을 모두 조사하지 않더라도 모집단인 대중의 의견을 파악할 수 있다. 즉, 여론조사는 표본조사라는 기법을 통해 수많은 민심을 압축하고 정리해 준다.

(2) 여론조사는 표본 크기보다 추출방법이 중요하다

여론조사에서 표본은 가장 핵심적인 용어다. 표본이 정확하게 추출되어야 표본조사가 의미를 갖게 되고 결국 여론조사의 신뢰도를 높이게 된다. 기본적으로 표본 추출 방법으로는 임의, 할당, 무작위의 세 가지가 주로 사용된다.

임의 추출은 가장 흔하게, 기초적으로 사용하는 방법이다. 거리를 지나가는 사람 중에서 열 번째 사람마다 설문조사를 하거나 전화번호부의 300번째 사람에게 전화를 걸어 조사를 하는 방법을 연상하면 알기 쉽다. 임의 추출은 우연의 개입 가능성이 있으므로 이것만으로는 정확한 표본조사라고 할 수 없다.

할당 추출은 임의 추출보다 좀 더 정교하다. 할당 추출은 사전 지식을 활용하여 인구통계에 맞게 표본을 추출하는 방법이다. 그러나 할당 추출도 표본의 대표성을 보장할 수는 없다. 평면적 할당 추출만으로 학력, 소득, 정치적 성향과 같은 요소를 구분해낼 수 없다.

표본 추출에서 가장 중요한 방법은 무작위 추출이다. 이는 오늘날 실시되고 있는 대부분 여론조사에 적용되고 있다. 무작위라는 개념은 모집단의 구성원들이 표본으로 선택될 수 있는 균등한 기회를 갖는다는 의미가 담겨있다. 따라서 무작위로 추출된 표본은 전체 모집단의 의견을 정확하게 반영할 수 있다. 여론조사에서는 표본의 크기보다는 추출 방법이 훨씬 중요하다.

2) 여론조사는 결정하기 위한 참고자료이다

선거는 모든 과정이 결정과 행동으로 이루어져 있다. 예를 들어 2014년 지방선거에 출마해야 할지 말지를 결정해야 하고, 또 출마한다면 언제부터 선거운동을 시작해야 할지를 결정해야 한다. 나아가 어떻게 선거운동을 해야 하는지도 결정해야 한다. 또한 결정이 되면 각 단계마다 행동에 나서야 한다. 여론조사는 바로 이 같은 의사결정(Decision Making)을 내리기 위해 참고자료를 만드는 과정이다.

여론조사는 통상 두 가지 단계로 구분할 수 있다. 첫째 단계는 자료수집(Data Gathering)이다. 여론조사기관에서는 이를 흔히 '실사'로 표현한다. 실사가 완료되면 두 번째 단계인 자료 처리 또는 분류(Data Processing / Classification)다. 쉽게 말하면 통계처리와 보고서 작성이다. 여론조사를 의뢰한 고객(정당 또는 후보)은 이를 토대로 의사결정과 행동에 나선다.

(1) 여론조사를 제대로 읽으려면 자신을 객관화하라

여론조사 읽기에서 가장 중요한 것은 자신을 객관화시켜야 한다. 여론조사는 읽는 사람마다 자신에게 유리한 해석을 할 수 있다. 특히 정치인이나 선거에 출마한 후보들은 자기주장이 뚜렷하고 이겨야 한다는 의지가 강하기 때문에 자기중심적으로 해석할 소지가 많다. 여론조사 읽기에 실패한다면 선거 승리나 정치적 성장도 덩달아 어렵게 될 것이다.

그러나 여론조사는 상당한 비용을 수반한다. 또한 여론조사를 많이 한다고 해서 민심을 정확하게 알 수 있거나 선거 승리에 결정적인 도움이 되는 것도 아니다. 여론조사는 꼭 필요할 때, 그리고 신중하게 하되, 최소화할 필요가 있다. 또한 전화조사를 고집하거나 표본의 크기에 집착할 필요도 없다.

(2) 전화조사만 고집하지 말고 다양한 조사기법을 활용하라

예를 들어 선거운동 기조 개발을 위한 조사는 전화 여론조사보다 심층면접조사(In-depth Survey)가 적절하다. 게다가 비용도 저렴하다. 수도권 선거의 경우 40대 성향이 선거 승패에 큰 영향을 미친다. 이들만 선정해서 조사를 하려면 심층면접토의(Focus Group Discussion)를 활용하면 된다. 역시 여론조사보다 비용도 저렴하다.

심층면접조사(In-depth Survey)나 심층면접토의(Focus Group Discussion)는 방법만 알고 있다면 후보 스스로 진행해도 된다. 다만 이 경우에는 객관성을 기할 수 있는 방법을 찾을 필요가 있다.

(3) 일단 여론조사 결과를 신뢰하라

선거 속담에 이런 말이 있다. "어느 지역구에 열 명의 후보가 출마했다고 하자. 이때 열 명의 후보는 모두 자신이 당선된다고 믿는다." 사실 선거에 출마한 후보는 자신이 열세라고 해도 당선에 대한 기대를 버리지 않는다.

또, 지역구를 돌아다니다보면 마주치는 유권자 대부분이 "열심히 해라, 힘내라" 같은 격려를 해주는 경우가 많다. 그런데 일부 후보들은 단순한 격려를 곧 자신의 지지로 '오해' 하는 경우도 많다. 이런 기대와 오해가 섞여 당선에 대한 확신으로 자가발전을 하는 사례가 종종 있다.

이런 상황에서 언론에 발표되거나 또는 선거 캠프가 실시하는 여론조사 결과를 신뢰하지 않는 경우가 종종 있다. 물론 여론조사 결과가 100% 옳다는 것은 아니다. 그러나 대부분의 여론조사 결과는 대체로 민심을 반영한다고 보면 크게 틀리지 않다. 그러므로 여론조사 결과를 일단 신뢰하는 것이 좋다. 정말 신뢰하기 어렵다면 다양한 방법으로 검증을 해보면 된다. 후보에게 불리한 결과일수록 눈여겨볼 필요가 있다.

그렇다고 해서 여론조사에 대한 맹목적 믿음도 좋지 않다. 여론조사는 흐름이나 추세로 보면 된다. 자신을 객관화하고 선거 현장을 발로 뛰는 것이야말로 가장 정확한 여론조사다. 여론조사는 단지 참고자료일 뿐이다.

여론조사 종류 및 활용방안

1) 자동응답조사(ARS)

ARS(Automatic Response System) 조사는 컴퓨터가 자동으로 전화를 걸어 미리 녹음된 설문 내용에 대해 응답자가 전화기 버튼을 누르도록 하는 조사 기법이다. 자동응답조사(ARS)는 여론조사 기법 중 가장 많이 활용되고 있는 기법이다. ARS 조사의 장점은 가격과 시간에 있다. ARS 조사는 단 하루만에도 보고서를 받아볼 수 있다. 조사기관마다 다르지만 가격도 한 표본 당 2000~3000원 사이로 매우 저렴하다.

ARS 조사는 2010년 지방선거와 2012년 국회의원 총선을 거치면서 대중화되어 현재 널리 사용되고 있다. 또한 2012년 대통령선거에서는 등재되지 않은 전화번호를 생성하는 이른바 RDD(Random Digit Dialing) 방식이 도입되면서 일반전화 여론조사 반열 대접을 받는 등 신뢰도가 크게 높아졌다.

RDD 방식은 비등재 가구의 증가, 가정전화를 전혀 사용하지 않는 젊은층 유권자의 투표 참여 증가로 인해 도입된 기법이다. RDD 방식을 사용하는 ARS 조사는 조사의 신뢰도를 어느 정도 향상시켰지만 일반 ARS에 비해 50% 전후의 비용증가를 감수해야 한다.

(1) 전국 단위의 ARS 조사는 신뢰도가 높다

ARS 조사는 전화조사에 비해 상대적으로 낮은 응답률, 검증 곤란 등 신뢰도에 대한 논란이 많았다. 그러나 2012년 12월 대통령선거를 거치면서 ARS 조사의 신뢰도가 상당한 수준으로 높아졌다. 이는 RDD 방식을 도입하는 등 조사 기법이 발전했기 때문이다.

ARS 여론조사 전문기관인 '리얼미터'의 2012년 대선 여론조사 추이를 살펴보면 실제 대선 투표결과와 상당히 유사하다. 다만 마지막 여론조사인 2012년 12월 12일 조사결과가 박빙인데 비해 실제 개표 결과는 3.6%의 격차로 나타났다. 비슷한 시기에 이루어진 전화 여론조사와도 크게 다르지 않는 것이다. 이처럼 전국을 대상으로 하는 ARS 조사는 신뢰도가 상당히 높은 수준까지 발전했다고 할 수 있다.

〈리얼미터 2012년 대선 여론조사 추이〉 (단위: %)

구분	12/6	12/8	12/10	12/12	개표 결과
박근혜	49.5	52	50.0	48.2	51.6
문재인	45.3	44.1	45.6	48.0	48.0

(2) 국회의원 선거구 및 기초선거구 ARS 조사는 여전히 취약하다

ARS 조사는 국회의원 선거구나 기초자치단체장 선거구, 지방의원 선거구에서 취약한 점이 많다. 우선 20~30대 응답률이 현저하게 낮아진다. 도시 지역의 경우 20~30대 유권자 비중은 40% 전후지만 이와 같은 비중의 응답자 확보가 쉽지 않다. 또한 인근 선거구의 유권자가 응답하는 것을 가려낼 수 없다.

지난 2013년 4월 24일 치러진 서울특별시 노원구 병(丙) 재보궐 선거를 살펴보자. 노원구 병 재보궐 선거는 안철수 후보가 출마해 전국적으로 뜨거운 관심을 모은 선거였다. 노원구 병 재보궐 선거에서 몇 차례 ARS 조사를 발표한 P기관은 3월 26일, 4월 14일 안철수 후보와 허준영 후보가 접전을 펼치고 있다고 발표했다. 또 4월 2일 조사에서는 허준영 후보가 5%p 이상 앞서는 결과를 발표하기도 했다.

〈P ARS기관 2013.4.24 노원병 재보궐선거 여론조사 추이〉 (단위: %)

구분	3/26	4/2	4/14	개표 결과
안철수	38.1	38.9	40.7	60.5
허준영	37.4	44.0	38.8	32.8

그러나 개표결과 안철수 후보는 60.5%를 득표했고, 허준영 후보는 32.8%를 얻는데 그쳤다. 서울 노원구 병 재보궐선거에서 P기관뿐만 아니라 대부분의 ARS 전문기관의 여론조사 결과는 예상과 크게 빗나갔다. 이에

비해 신문과 방송에서 실시한 전화조사는 상당히 정확하게 안철수 후보의 승리를 예측했다.

국회의원 지역구 등 작은 지역을 대상으로 한 ARS 여론조사 신뢰도가 높지 않은 이유는 낮은 응답률 때문이다. 보통 ARS 조사 응답률은 4~5% 내외로 알려져 있다. 그러나 선거가 한창이면 응답률은 더욱 떨어진다. 심한 경우 응답률이 1~2%대를 기록하는 경우도 있다고 한다. 이와 함께 서울 등 대도시 지역은 집에 전화를 아예 설치하지 않는 경우도 많고 인터넷 전화 등으로 변경하거나, 전화번호 이동이 잦아지게 되는데 이러한 요인들이 ARS 조사의 신뢰도를 저하시킨다.

(3) ARS 조사는 홍보수단으로 활용하라

한편 ARS 조사를 인지도 높이기, 홍보수단 등으로 활용하는 경우도 많아지고 있다. ARS 조사를 홍보수단으로 활용할 경우 첫 번째 질문으로 후보의 인지도를 배치하면 좋다. 왜냐하면 ARS 조사는 응답률이 현저하게 낮기 때문이다. 유권자들은 ARS 기계음을 듣자마자 전화기를 내려놓는 경우도 있지만 질문 한 두 개를 듣고 전화기를 내려놓는 경우도 있기 때문이다.

이렇게 첫 번째 질문으로 후보의 인지도를 묻는 질문을 던진다면 조금이라고 인지도를 높이는데 도움이 될 수 있다. 다만 선거법 위반이 되지 않도록 세심한 주의가 필요하다.

인지도와 지지율이 상대 후보를 압도하는 경우도 무엇인가 하고 있다는 것을 보여주기 위해 정기적으로 ARS 조사를 실시하기도 한다. 지지율 격차가 크다고 해서 선거운동에 소극적이라는 모습을 보여주게 되면 유권자들은 후보에 대해서 부정적 인상을 가지기 때문이다. 어떤 방식의 여론조사든 선거일 기준 6개월 시점부터 출마 후보가 각 지역 선관위에 2일전에 신고해야 조사가 가능하다. 신고 방법은 여론조사 기관과 협의하면 된다.

ARS 조사의 주요 점검사항

- 설문 문항이 많으면 조사가 어렵다. 7~8개 문항이 적당하다.
- 각 질문 항목의 예시가 7~8개 이상으로 많으면 조사가 제대로 진행되지 않으므로 피하는 것이 좋다.
- 기초단체장 선거구와 지방의원 선거구의 경우 20~30대의 응답률이 매우 저조하기 때문에 이를 감안하여 조사결과를 분석해야 한다.
- 인지도 높이기와 홍보용으로 활용할 경우 선거법 위반여부를 사전에 검토하는 것이 안전하다.
- 선거일 기준 6개월 이전부터는 여론조사 실시 2일전에 선관위에 신고해야 한다. 단 정당과 언론사에서 실시하는 여론조사는 예외다.

---

2) 전화조사

일반전화를 활용한 여론조사는 전통적인 방식이지만 여전히 유효한 기법이다. 전화조사는 미리 구성된 설문을 조사원들에게 배포하고 이를 토대로 조사를 진행하는 방식이다. 전화조사는 대략 세 가지로 나눠 볼 수 있다.

우선 KT 전화부 등에 등재된 가정전화를 활용하는 방식이다. 등재된 전화를 활용할 경우 서울과 같은 대도시 지역은 신뢰도가 낮아지지만 도시화 정도가 낮은 농촌 지역에서는 아직도 유효한 방법이다.

둘째, 가정전화 비(非)등재 포함하는 방법이다. 등재되지 않은 전화번호를 생성하는 이른바 RDD 방식을 도입하면 여론조사 신뢰도는 향상되기 마련이다. 다만 이 경우에 비용 증가도 함께 일어난다.

셋째, 등재된 전화 또는 가정전화 비(非)등재 포함하는 RDD 방식과 휴대폰 조사를 함께 실시하는 방법이다. 이 경우는 아래 휴대폰 및 휴대폰 패널 조사에서 상세하게 다루도록 하겠다.

(1) 전화조사는 고령층 의견을 잘 반영한다

전화조사의 장점은 상대적으로 농촌지역과 고령층 의견을 잘 반영한다는 점이다. 농촌지역 거주자와 고령층은 젊은층에 비해 전화번호를 자주 바꾸지 않는다. 또한 휴대폰 사용비율도 낮다. 따라서 전화조사는 진보적인 민심보다 보수적인 민심, 야당 성향 민심보다 여당 성향 민심이 상대적으로 잘 반영된다. 전화조사의 비용은 조사기관마다 천차만별이지만 대략 한 표본당 6000~1만2000원이다. 만약 1000명을 조사한다면 600만원에서 1200만원까지 소요된다는 얘기다. 전화조사는 비용부담이 있기 때문에 표본크기를 어느 정도로 할지가 주요 관심사 중의 하나다. 그러나 표본의 크기보다는 추출 방법이 중요하므로 표본 크기는 선거구 크기에 따라 500명에서 700명까지 줄여도 큰 문제는 없다.

> **전화조사의 주요 점검사항**
>
> - 전화조사는 ARS 조사보다 신뢰도가 높다.
> - 질문 항목이 길고 대답하기 어려우면 조사 진행이 어렵다.
> - 광역단체장 선거구의 경우 휴대폰 조사를 섞어서 하는 것이 정확도를 높일 수 있다.
> - 가정전화 비등재를 포함하는 RDD 방식으로 조사하면 20~30대 응답률이 높아지는 등 신뢰도가 향상된다.
> - 선거일 기준 6개월 이전부터는 여론조사 실시 2일전에 선관위에 신고해야 한다. 단 정당과 언론사에서 실시하는 조사는 예외다.

3) 휴대폰 및 휴대폰 패널 조사

휴대폰 보급이 확대되면서 정치와 선거 분야에서 휴대폰 조사가 빠르게 늘어나고 있다. 특히 휴대폰 조사는 전화 조사나 ARS 조사에서 단점으로 지적되고 있는 젊은층 의견 파악에 상대적인 장점이 있다. 그러나 휴대폰 조사만 100% 시행됐을 경우 고령층 의견 반영이 제대로 충족되지 않는 측면이 있다.

2012년 12월 치러진 대통령선거는 선거 분야에서 휴대폰 조사가 적용된 전환기적인 해라고 할 수 있다. 2012년 대선에서 대부분의 여론조사 기관이 휴대폰 조사를 실시했다. 다수 여론조사는 전화 조사 50%, 휴대폰 주사 50%를 섞어서 시행됐고 어떤 경우는 전화조사 100%, 휴대폰 조사 100%로 이루어지기도 했다. 지난 대선에서 전화 조사와 휴대폰 조사를 섞어 조사하는 경우는 지역별로 달리하는 것이 일반적이다. 수도권의 경우 전화 조사와 휴대폰 조사 비율이 각각 50%, 50% 정도였다. 반면 경상도나 전라도 등 도농 복합 지역은 전화 조사와 휴대폰 조사 비율이 각각 60%, 40% 정도로 조정되기도 했다. 아무튼 지난 대선에서 전면에 등장한 휴대폰 조사는 여론조사의 신뢰도를 크게 향상시키는 역할을 톡톡히 수행했다.

(1) 휴대폰 조사는 젊은층 의견을 잘 반영한다

휴대폰 조사의 특징은 젊은층 의견을 상대적으로 잘 반영한다는 점이다. 휴대폰 보급이 고령층에게도 일반화되어 있지만 젊은층이 휴대폰 기기를 다루는데 익숙하고, 고령층에 비해 사용횟수도 훨씬 많기 때문이다. 최근 서울 등 대도시에 거주하는 일부 젊은층은 아예 가정전화를 없애고 휴대폰만 사용하는 경우도 흔하다.

휴대폰 조사는 젊은층 의견을 잘 반영하다보니 종종 전화조사와 상반된 결과로 나타난다. 보수적인 민심보다 진보적인 민심, 여당 성향 민심보다 야당 성향 민심이 상대적으로 잘 반영된다. 100% 휴대폰 조사를 진행했을 경우 이러한 추세를 고려해 결과를 분석해야 한다.

(2) 휴대폰 조사는 대다수가 패널 조사다

이러한 휴대폰 조사는 결정적인 단점을 갖고 있다. 우리나라의 주요 이동통신사인 LG U⁺, KT, SKT는 고객 전화번호 리스트를 확보하고 있다. 휴대폰 조사를 하면 이러한 리스트를 활용하는 것이 가장 이상적이다. 그러나 현행법상 불법(不法)이기 때문에 이 방법은 사용할 수 없다. 또한 휴대폰 번호를 무작위로 생성(RDD)하는 휴대폰 RDD 조사는 높은 비용 부담 때문에 실질적으로 불가능하다.

지난 대선에서 사용된 대부분 휴대폰 조사 방법은 휴대폰 패널 조사로 이루어졌다고 추정해볼 수 있다. 또한 휴대폰 조사기관의 상당수 패널이 상업용으로 구성되었기 때문에 정확성에 의문이 제기될 수 있다. 다만 휴대폰 패널의 경우라도 리스트 업데이트가 주기적으로 이루어진, 역동성을 갖춘 패널을 활용하면 어느 정도의 성과를 거둘 수도 있다. 휴대폰 조사 신뢰도는 패널의 수(크기)보다 패널의 질이 훨씬 더 중요하다.

(3) 휴대폰 조사는 기초선거구에 활용하기 어렵다

휴대폰 조사의 또 다른 단점은 국회의원 선거구나 기초단체장 및 지방의원 선거구에서 활용하기 쉽지 않다는 것이다. 대통령선거와 같은 전국 선거와 광역단체장을 선출하는 선거는 휴대폰 조사가 가능하다. 그러나 국회의원 선거와 광역의원 선거, 기초자치단체장과 기초의원을 선출하는 선거는 휴대폰 조사가 사실상 불가능하다.

휴대폰 패널이 작게는 수십 만명에서 많게는 수백 만명으로 구성되어 있는데 이를 국회의원 선거구와 기초자치단체장 선거구 등으로 나누면 휴대폰 패널 수가 작아지기 때문이다. 예를 들어 서울시 어느 구청의 패널의 수가 수백 개에서 수천 개 정도라면 휴대폰 조사 신뢰성이 현저하게 낮아질 가능성이 있다.

> **휴대폰 조사의 주요 점검사항**
>
> - 휴대폰 조사는 상대적으로 젊은층 응답률이 높다. 따라서 젊은층 생각을 전화조사보다 상대적으로 잘 반영할 수 있다. 반면 고령층 의견은 상대적으로 덜 반영될 수 있다.
> - 전국 선거나, 광역단체장 선거구를 제외한 기초단체장 및 지방의원 선거구에서는 실시하기가 어렵다.
> - 휴대폰 패널 조사의 경우 패널의 크기보다 패널의 질이 신뢰도를 결정하는데 핵심 요소다.
> - 휴대폰 조사 100%보다 전화조사와 적절하게 혼합하는 것이 신뢰도가 높은 편이다.
> - 선거일 기준 6개월 이전부터는 여론조사 실시 2일전에 선관위에 신고해야 한다. 단 정당과 언론사에서 실시하는 조사는 예외다.

4) 온라인 조사

최근 선거 분야에서도 온라인 조사의 활용빈도가 점점 높아지고 있다. 온라인 조사로는 이메일 조사, 휴대폰 문자 조사, 카카오톡이나 페이스북 조사 등이 시도되고 있다. 이 중 가장 널리 사용되고 있는 것은 이메일 조사라고 할 수 있다.

이메일 조사는 구성된 이메일 패널을 대상으로 질문지를 송부하고 이메일 질문에 응한 패널의 답변지를 수거해서 통계처리와 보고서를 작성하는 순서로 이루어진다. 이메일 조사의 장점은 비교적 긴 질문지도 소화가 가능하다는 점이다. 즉, 깊이 있는 조사가 가능하다.

(1) 온라인 조사는 보완 조사로 적당하다

다만 아직까지 선거 분야에서 이메일 조사를 활용한 온라인 조사는 한계가 많다. 우선 표본의 한계가 분명하기 때문이다. 컴퓨터와 스마트폰, 태블릿PC 등 전자기기 보급이 확대되고 이메일 사용자도 점점 늘어나는 추세다. 그러나 이메일 사용자들은 젊은층과 중장년층에 집중되어 있어, 이를 벗어난 고령층 의견을 모으기가 쉽지 않다. 또한 젊은층에 비해 중장년층이나 고령층은 이메일 사용빈도가 낮은 것도 한계라고 할 수 있다.

둘째, 비용 역시 문제다. 이메일 조사를 실시하려면 충분한 리스트(회원)가 확보되어야 한다. 리스트 확보에는 비용이 뒤따르기 마련이다. 이메일 조사에 응할 경우 선물이나 대가를 지불하지 않으면 조사에 응하지 않거나 조사 이메일을 스팸처리해버리기 십상이기 때문이다.

셋째, 시간도 조사내용에 따라 일주일 이상 소요되는 경우가 종종 발생한다. 긴급을 필요로 하는 조사로는 적절하지 않다고 할 수 있다. 따라서 아직까지 온라인조사는 보완조사로서 의미가 있다고 볼 수 있다.

(2) 가능하면 이메일 주소를 많이 모아라
– 현행 선거법에서 이메일 선거운동은 폭넓게 허용된다

이메일을 활용한 온라인 조사는 인지도 높이기나 홍보수단으로 활용할 수 있다. 현행 선거법은 이메일을 통한 홍보는 다른 수단과 달리 광범위하게 허용되어 있다. 비용도 거의 들지 않는 장점도 있다. 그러므로 이메일 주소를 확보하고 적절하게 활용하는 방법을 찾을 필요가 있다. 특히 인지도가 낮은 정치 신인이라면 이메일 선거운동 방법을 연구할 필요가 있다.

  이메일 주소를 확보하는 가장 손쉬운 방법은 명함을 주고받는 것이다. 따라서 평소 받은 명함을 잘 관리해 유권자 DB(데이터베이스)를 구축할 필요가 있다. 만나고 난 뒤 바로 감사 인사를 이메일로 전한다면 효과가 매우 크다. 지역구 단체나 모임은 사이트나, 카페, 블로그 등을 운영한다. 여기에 접속하면 지역구 유권자, 특히 지역 활동이 활발한 오피니언 리더의 이메일을 확보할 수 있다. 최근에는 이메일을 수집해 유료로 제공하는 기획사도 속속 생겨나고 있다.

3

선거전략 마련을 위한 조사기법

1) FGD(Focus Group Discussion)

　선거운동을 하거나 선거에 출마하게 되면 "무조건 내가 당선될 수 있다"는 함정에 빠질 수 있다. 특히 후보의 경우 지역구에서 선거운동을 할 때 유권자들의 "열심히 하라"는 격려를 자신에 대한 지지라고 믿는 성향이 강하다. 이런 후보에게는 좋지 않은 여론조사 지지도를 들이대며 설득하려 해도 막무가내인 경우가 많다. 이러한 함정에 빠지지 않기 위해 객관적인 여론을 파악할 필요가 있다.

　객관적인 후보 인지도와 지지도를 파악하고 선거 전략이나 홍보 기조 마련을 위한 조사기법으로 집단 심층면접토의(FGD)가 있다. FGD는 일반 유권자가 무슨 생각을 하고 있는지 객관적인 의견을 파악할 수 있다.

　FGD는 보통 2~4개 집단으로 나눠 진행하는 경우가 많다. 예를 들어 40

대 여성 6~7명을 하나의 그룹으로 묶을 수 있고, 이와 함께 50대 남성 6~7명을 하나의 그룹으로 묶을 수 있다. 일반 유권자가 참여 대상이다. 이들을 접촉할 때 고려해야 할 점은 인맥을 활용하는 것보다 전문업체를 통해 무작위로 집단을 구성하는 것이 객관성을 기할 수 있다는 것이다. FGD는 설계에서부터 보고서가 제출되기까지 대략 2주 정도의 시간이 필요하다.

(1) 인지도가 높다면 FGD를 활용하라

여론조사는 유권자의 속내를 들추어내는데 한계가 있다. 반면 FGD는 유권자의 객관적인, 그리고 생생한 목소리를 들을 수 있는 장점이 있다. 최근 선거운동 초기에는 전화조사 대신 FGD로 대체하는 경우가 늘어나고 있다.

다만 FGD는 대통령선거·광역단체장 선거에 효과적이다. 또한 국회의원 또는 기초단체장 선거라도 유명 인물이 맞대결을 펼칠 경우에 효과가 있다. 후보 인지도가 높지 않은 경우에는 후보에 대한 평가가 도출될 수 없는 한계가 있다.

FGD 비용은 6~7명으로 이루어진 한 그룹에 수도권 기준 400만원 내외다. 여론조사기관 입장에서 볼 때 그리 많은 비용은 아니다. 왜냐하면 FGD 참가자 모집비용으로 전문업체에 1인당 6~7만원을 지출해야 하고, FGD 참가자에게도 1인당 6~7만원을 지불해야 한다. 이밖에 FGD 장소 임대료, 간식 비용, 녹취록 작성 등에 상당한 비용이 소요된다.

(2) 비용을 절감하려면 후보(선거 캠프) 스스로 하라

　FGD 비용이 부담스럽다면 후보가 스스로 진행해도 된다. 다만 이 경우에는 FGD 참가자를 어느 한편에 편향되지 않도록 공정하게 모집하는 방법을 검토할 필요가 있다. 또한 FGD 사회자도 내부 인사보다는 객관적이고 중립적인 외부 인사를 섭외해 진행하는 것이 효과적일 수 있다.
　FGD를 하려면 뒤에 예처럼 조사 설계와 조사 일정을 준비한다. FGD 설계는 다양하게 시도할 수 있다. 여성, 남성 유권자로 구분해도 되고 연령별로 구분해도 된다. 또한 지역별로도 나눌 수 있다.
　조사 설계와 조사 일정이 준비되면 조사 내용을 준비한다. 조사 내용은 먼저 현역 국회의원, 단체장, 지방의원 평가를 알아본다. 그런 다음 지난 지방선거 현황과 다음 지방선거 전망을 알아본다. 그리고 지역 현안이나 쟁점 파악 등을 주요 내용으로 하면 된다.

⟨서울 OO구 유권자 FGD⟩

1. 조사설계

조사지역 및 대상	• 서울 OO구 거주 35~45세 남성/여성
조사방법	• 집단 심층 토의(Focus Group Discussion)
집단구성 및 실행 일정	• 2집단 × 6~7명 = 12~14명 • 야권성향 유권자의 움직임이 선거 결과를 결정할 것으로 보이므로, 야당 성향이 높은 30대와 40대를 조사대상으로 선정함. • 유권자의 다양한 의견을 수렴하기 위해, 정치성향을 배분하여 한 그룹으로 구성함.

집단	거주지역	성별	연령	참석자수	moderater	일시	장소
1	OO구	남	35~45세	6~7명	여론조사 기관 관계자	-	
2	OO구	여	35~45세	6~7명	여론조사 기관 관계자	-	

2. 조사일정

	1주					2주									
	1	2	3	4	5	6	7	8	9	10	11	12	13	14	15
가이드라인 개발 및 참석자 Recruiting	■	■	■	■	■	■									
FGD 실행							■								
Script 및 자료 분석								■	■	■					
자료처리 및 보고서 작성										■	■	■	■	■	■

3. 주요 조사내용

항목	조사내용
지역구 국회의원 및 현 구청장 평가	1. 지역구 국회의원 및 기초단체장, 지방의원 평가 2. 지역구, 기초단체 현안 파악 3. 공약 이행 여부, 의원 및 단체장 주민 평가

2010년 지방선거 분석	1. 2010년 구청장 선거 투표여부와 지지성향
	  1-1. 지난 2010년 구청장 선거에서 투표했나?
	  1-2. 투표하셨다면 어느 후보에게 투표했나?
	  1-3. 현재 어느 정당을 지지하나?

2014년 지방선거 전망	2. 후보 선택 기준 및 구청장 자질
	3. 현재 지역에서 ○○구청장으로 거론되고 있는 후보로 누가 있을까?
	  3-1. 여당 후보로는 누가 있을까?
	  3-2. 야당 후보로는 누가 있나?
	  3-3. 그 외 거론되고 있는 인물로 누가 있을까?
	4. 이번 지방선거에서 ○○구청장 선거를 어떻게 전망하나?
	  4-1. ○○ 현 ○○구청장이 출마하면 당선될 가능성이 얼마나 될까?
	  4-2. 만약 여당 후보와 제1야당 후보의 양자 대결이 펼쳐진다면, 누가 더 유리할까?
	  4-3. 만약, 안철수 신당이나 안철수 측의 인물이 후보로 출마한다면, 어느 정당의 후보가 가장 당선가능성이 높을까?
	  4-4. 만약, 현 구청장이 안철수 신당이나 무소속으로 출마하고 여당 후보와 야당 후보가 출마한다면, 어느 후보가 당선될 것으로 보나?

지역현안	1. 현재 ○○구의 지역 현안으로는 무엇이 있을까? 2. 차기 ○○구청장이 꼭 해결해주길 바라는 지역적 과제가 있을까?

2) 심층면접조사(In-depth Survey)

정치 신인이 선거운동에 돌입할 때 가장 필요한 것은 선거운동 기조를 마련하고 현안 및 공약에 대한 후보의 입장을 정리하는 것이다. 이러한 기초 작업이 이루어지지 않으면 선거구에서 오피니언 리더나 유권자를 자신 있게 만날 수가 없다. 자칫하면 일정한 방향 없이 중구난방으로 뛰다가 시간과 비용을 낭비할 수 있다.

따라서 후보의 위치가 정확히 어디에 있는지, 어떤 방식으로 선거운동을 해야 하는지, 현안과 공약에 대한 입장은 무엇인지가 먼저 정리되어야 한다. 이러한 선거운동의 기초는 신인이 아니더라도 선거에 출마하는 모든 후보에 해당된다. 즉 선거에 출마한 후보가 당선으로 가기 위한 첫 관문이다.

(1) 심층면접조사는 선거전략 마련에 안성맞춤이다

본격적인 선거운동에 들어가기 전에 기초 작업을 위한 적절한 조사기법으로 심층면접조사(In-depth Survey)를 들 수 있다. In-depth 조사는 FGD가 무작위로 추출된 일반 유권자를 대상으로 하는데 비해 오피니언 리더를 대상으로 한다. In-depth는 선거 유경험자, 지역 언론인과 시민단체 관계자, 자영업자와 공무원 등 일반 유권자 중 정치에 관심 많은 사람 등 오피니언 리더를 조사 대상으로 선정한다. 6~7명을 1집단으로 구성한다.

In-depth 조사 진행자는 이들을 찾아가 1대1로 만나 사전에 준비한 가이드라인을 참고해 심도 깊게 면접조사를 진행한다. In-depth 조사는 해당 선거구의 선거지형, 각 후보 장단점, 현안 파악에 매우 효과적이다. In-depth 조사는 역시 설계에서부터 보고서가 제출되기까지 대략 2주 정도의 시간이 필요하다. In-depth 조사는 비용 역시 6~7명으로 이루어진 1집단에 수도권 기준 400만원 내외이다.

In-depth 조사는 광역자치단체의 경우 2집단 정도, 기초단체장 지방의원은 1집단 정도 진행하면 무난하다. 집단은 남녀별, 연령별, 지역별 등 해당 지역의 특징에 맞게 다양하게 구성할 수 있다. 기초선거의 경우에는 1집단만 진행해도 당초 목표한 소기의 성과를 거둘 수 있다.

(2) 비용을 절감하려면 후보(선거 캠프) 스스로 하라

이러한 비용이 부담스럽다면 In-depth 조사 역시 후보가 스스로 진행해도 무방하다. 다만 이 경우에도 조사 대상자를 편향되지 않도록 공정하게 선정하는 것이 중요하며 조사를 진행하는 사람도 선거 캠프 내부 인사보다는 객관적이고 중립적인 외부 인사를 섭외해 진행하는 것이 좋다.

In-depth 조사도 FGD와 비슷하다. 먼저 조사 실행계획을 마련한다. 실행계획이 마련되면 선거를 치러본 경험이 있거나 정치에 관심이 많은 오피니언 리더를 선정하고 이들과 인터뷰 일정을 잡아야 한다. 그런 다음 인터뷰 가이드라인을 확정한다.

가이드라인은 정치이슈 및 선거환경, 출마가 예상되는 현역 단체장과 지방의원 평가, 2014년 지방선거 전망, 지역현안과 쟁점 등을 주요 내용으로 하면 된다. 이러한 가이드라인에 따라 인터뷰를 진행한다. 인터뷰가 끝나면 발언록(script)을 정리한 뒤 이를 토대로 보고서를 작성하면 된다.

(3) In-depth 조사 발언록을 꼼꼼하게 읽어라
- 발언록에는 선거에 이기는 모든 방법이 다 들어 있다

　In-depth 보고서를 해석할 때 가장 중요한 것은 인터뷰 대상자들의 발언을 꼼꼼하게 읽어야 한다는 점이다. 우리나라 유권자들은 대부분 정치 분야 전문가들이다. 게다가 선거운동 경험이 있거나 오피니언 리더라면 민심, 선거환경, 각 후보의 평가, 선거에서 이기는 방법 등 거의 모든 것을 다 알고 있다고 보면 된다.

　만약 In-depth 조사가 제대로 진행됐다면 발언록(script)에는 거의 모든 것이 다 들어 있다. 이것만 꼼꼼하게 읽어도 후보의 정확한 위치가 어디인지, 어떻게 하면 선거에서 이길 수 있는지, 공약은 어떻게 해야 하는지 등 거의 모든 것을 다 살필 수 있다.

　다시 한 번 기억하자. "발언록(script)을 꼼꼼하게 읽어라."

〈OO시 In-depth Interview〉

1. 조사 실행계획

조사지역 및 대상	• OO시 거주 오피니언 리더
조사방법	• 심층면접조사(In-depth Interview)
집단구성 및 실행 일정	• 1집단 x 6~7명 = 6~7명 • 지역 여론의 구조 및 흐름을 종합적으로 이해하기 위해, 정치에 관심 있는 오피니언 리더를 중심으로 조사대상을 선정.

집단	거주지역	인원	조사대상자
1	OO시	6~7명	– 지역 선거 유경험자 – 지역 언론인/시민단체 등 오피니언 리더 – 자영업자/공무원 등 일반 유권자 중정치에 관심 많은 사람

2. 인터뷰 일정

	1주				2주			
계약 체결 및 가이드라인 개발	■	■						
참석자 Recruiting	■	■						
인터뷰 실행			■	■	■	■		
Script 및 자료 분석						■	■	
자료처리 및 보고서 작성						■	■	■

3. 주요 조사내용

항목	조사내용
정치 현안 및 선거환경	1. 최근 정치나 사회 현안 중 관심 있는 것은 무엇인가? 2. 현재 ○○시에서 안철수 신당에 대한 지지가 다른 지역보다 높은 이유는? 3. 여당 또는 야당의 변화를 요구하는 사람들의 핵심 방향은 무엇인가? 　- 그 이유는 무엇 때문인가? 4. 현 시장에 대해 어떻게 평가하는가? 　- 그렇게 평가한 이유는 무엇인가?
2014년 지방선거 환경	1. 다음 지방선거의 평가는 무엇인가? 　- 그렇게 생각하시는 이유는? 2. 도지사, 시장, 군수 등을 선출하는 지방선거에서 시장 후보로 거론되는 인물로 누가 있는가? 　* 현재 거론되는 인물: 3. 그럼, 앞서 거론된 시장 후보들의 이미지는 어떤가? 　- 각 후보에 대한 주변의 평판은 어떤가? 4. 앞서 거론된 후보 중 어느 후보가 경선에서 누가 승리할 것으로 보는가? 　- 왜 그렇게 생각하는가? 5. 만약 여당 후보, 야당 후보, 안철수 신당 후보가 3자 대결을 벌일 경우 누가 당선될 것 같은가?(필요하다면 구체적 사람 대입) 　- 왜 그렇게 생각하는가?
2014년 지방선거 전망	6. 앞서 거론된 후보 중 ○○○은 출마했을 때 당선가능성이 얼마나 있을까? 　- 그 이유는 무엇인가? 7. 여당 또는 야당이 ○○에서 안철수 신당에게 이기려면 어떻게 해야 하는가? 　- 그 이유는 무엇인가? 8. 만약 선생님께서 출마하신다면, 어떤 방식으로 선거운동을 하겠는가? 　- 어떤 이미지로 비쳐지고, 어떤 정책 제시했을 때 유권자들이 긍정적으로 평가하고 지지해줄까?
지역현안	9. ○○시의 지역 현안으로 무엇이 있을까? 　- 가장 시급하게 해결해야 할 지역 현안은 무엇인가? 　- 그 이유는 무엇인가?

당내 경선과 여론조사 활용전략

1) 여론조사가 사실상 경선승리를 결정한다

　지금까지 여당인 새누리당 경선 공식은 대의원 20%, 당원 30%, 국민 선거인단30%, 여론조사 20%였다. 실제로 국민선거인단을 모집해 경선을 실시하는 경우는 매우 드문 일이다. 지난 2010년 지방선거에서도 전국적으로 국민선거인단을 모집해 경선을 실시했던 몇 곳에 지나지 않았다.
　이는 경선 선거인단 모집이 시간과 비용이 많이 소요될 뿐만 아니라 선거비용 과다 지출, 조직 동원으로 여론 왜곡, 경선 이후 갈등 증폭 등 각종 부작용이 속출했기 때문이다.

(1) 새누리당 경선은 상당수 여론조사로 결정된다

국민 선거인단 모집을 생략하고 경선을 치르는 경우 여론조사로 대체되는 경우가 대부분이다. 그러므로 국민선거인단은 결국 여론조사로 통합하게 되고 경선에서 차지하는 여론조사 비중은 50%로 늘어나게 된다. 여론조사의 경우 지역구 후보별로 합의를 통해 여론조사 경선을 실시하는 것이 대체적인 관례다.

〈새누리당 경선 규칙〉   (단위: %)

구분	대의원	당원	국민 선거인단	여론조사
비중	20	30	30	20

여야 경쟁이 치열한 수도권과 영남과 같은 텃밭은 약간 다른 점도 있다. 수도권의 경우 본선경쟁이 후보 선출의 기준이다. 대의원과 당원의 경우 경선에서도 여론조사 추이를 보고 가장 경쟁력 있는 후보를 선택할 가능성 크다.

반면 소위 텃밭의 경우는 다소 차이가 있다. 본선에서는 공천자가 가장 유리하므로 경선의 중요성이 훨씬 크다. 따라서 텃밭으로 분류되는 지역은 대의원의 영향력이 막강하다고 할 수 있다. 대의원은 기초의원, 단체장과 국회의원, 중앙당과 시도당의 당연직 대의원, 책임당원으로 구성된다. 책임당원의 경우 매월 일정액을 회비로 납부한다. 그러므로 경선을 대비하기 위해서는 평상시 책임당원에 대한 대책을 미리 준비해야 한다. 회비는 일정기간 납부해야 경선 참여 자격이 주어지므로 세부적인 사항까지 살펴볼 필요가 있다.

(2) 민주당은 진성당원이 중요하다

민주당의 경선 방식은 새누리당과 사뭇 다르다. 그동안 민주당은 모바일(휴대폰)을 중시하는 방향으로 경선을 실시해왔다. 모바일 부작용이 속출하면서 최근에는 모바일 비중을 축소하는 방향으로 바뀌고 있다. 그러나 당내 반발도 많아 경선 규칙이 어떻게 정리될 지는 다소 진통이 따를 전망이다.

가장 최근 실시된 2013년 5월 4일 치러진 민주당 당대표 경선의 예를 살펴보자. 김한길 의원이 당대표로 선출된 이날의 경선 방식은 대의원 50%, 권리당원 30%, 국민 여론조사 10%, 당원 여론조사 6.7%, 국민참여 선거인단(대통령선거 시 모집한 선거인단, 재활용) 3.3%로 구성되었다. 민주당은 대의원 비중이 매우 크다.

대의원은 지역위원장, 지방의원 등 당연직으로 구성된다. 다음으로 큰 비중을 차지하는 권리당원은 매달 당비를 내는 진성당원 등으로 구성된다. 따라서 민주당은 진성당원을 얼마나 확보하느냐에 따라 경선 결과에 많은 영향을 미친다.

〈민주당 경선 공식 (당대표 경선의 예) 〉 (단위: %)

구분	대의원	권리당원	국민 여론조사	당원 여론조사	참여인단
비중	50	30	10	6.7	3.3

민주당 경선 방식은 아직은 유동적이라고 볼 수 있다. 민주당 경선 규칙의 쟁점은 국민참여 선거인단 도입 여부와 비중을 어느 정도로 할지의 논란이다. 지난 5월 4일 당대표 경선에서도 이 문제를 놓고 극심한 내홍을 겪었다. 국민참여 선거인단은 사실상 조직 동원이 가능하기 때문에 민심과 당심을 왜곡할 수 있다는 우려가 끊임없이 제기됐다.

최근 민주당 분위기는 국민참여 선거인단에 대해서 부정적인 목소리가 커지고 있지만 일각에서는 국민참여 선거인단 제도를 유지해야 한다는 주장도 여전하다. 따라서 민주당 경선 참여를 희망하는 후보들은 이 문제가 어떻게 정리되는지 주의 깊게 지켜볼 필요가 있다.

(3) 제3당은 변수가 많다

새누리당과 민주당 이외에 현역 국회의원이 있는 정당은 통합진보당과 정의당이 있다. 또한 창당을 추진하고 있는 안철수 신당도 사실상 정치적 실체가 있는 정당으로 볼 수 있다. 안철수 신당은 의왕시·과천시를 지역구로 둔 송호창 의원이 소속돼 있어 원내 정당으로 봐도 무방하다.

통합진보당과 정의당은 우리나라에서 대표적인 진보정당이다. 진보정당의 특징은 당비를 납부하는 당원과 국민참여선거인단(모바일로도 불림)에 의해서 후보를 결정한다는 사실이다. 비중은 시기와 지역구에 따라 다르다. 그러나 최근 국민참여선거인단이 조직동원의 통로로 활용된다는 당내외 안팎의 비판을 받고 있어 앞으로 변수가 많다. 통합진보당과 정의당의 공천을 받고자 하는 후보는 이러한 경선 규칙의 변수에 대해서 관심을 갖고 주의 깊게 살펴볼 필요가 있다.

안철수 신당의 경우 3월 창당을 목표로 신당을 추진하고 있어서 전국에 걸쳐 후보를 공천할지 아직은 단언할 수 없다. 다만 안철수 신당은 2014년 지방선거에서 공천을 한다면 조직(당원)이 제대로 구축되지 않았기 때문에 여론의 지지와 본선 경쟁력이 중요한 공천 기준이 될 가능성이 높다고 할 수 있다. 또한 신당의 특성상 인물의 참신성도 비중 있는 공천 기준이 될 수 있다.

2) 역선택도 선택이다

최근 선거 여론조사에서 '역선택'은 뜨거운 쟁점으로 떠올랐다. 역선택이란 선거 여론조사에서 응답자가 자신이 지지하는 후보를 위해 진심과 다른 응답을 하는 행위를 말한다. 지난 2012년 12월 치러진 대통령선거를 예로 들어보자. 박근혜 후보 지지자에게 야권 단일후보 지지도를 묻는 여론조사 전화가 걸려왔을 때 박 후보의 대항마로 안철수 후보보다 상대적으로 손쉽다고 생각하는 문재인 후보를 선택하는 것이 역선택이라고 할 수 있다.

(1) 역선택은 광범위하게 일어난다

여론조사에서 역선택 논란은 명확히 입증되지는 않았지만 광범위하게 이루어지고 있다고 보는 쪽이 많아지고 있다. 특히, 역선택은 당내 경선에서 빈번하게 일어난다. 역선택은 두 가지 형태로 이루어진다. 우선 자발적인 역선택이 있을 수 있다. 충성도가 높은 지지자라면 자신이 지지하는 후보의 당선을 위해 상대적으로 손쉬운 후보를 선택한다. 또 하나는 조직적인 역선택이다. 예를 들어 서울의 한 자치구 유권자가 15만명이고 가동할 수 있는 선거운동조직이 500명이 있다고 하자. 선거가 임박하면 여론조사 응답률은 현전하게 떨어진다. 전화조사는 10% 이내로, ARS는 2% 남짓으로 떨어지는 경우가 있다. 유권자 15만명을 가구로 환산하면 대략 7~8만가구다. 이중 10%가 응답하면 7000~8000명, 2%가 응답하면 1500명 남짓이다. 선거운동조직 500명이 동원되어 응답률 100%를 확보하면 전화조사의 경우 7~8%, ARS의 경우 30%까지 영향력을 발휘할 수 있다.

2012년 12월 대통령선거에서도 역선택으로 추정할 수 있는 근거가 있다. 민주당 문재인 후보와 무소속 안철수 후보의 야권후보 단일화 지지율을 살펴보자. 매일경제신문과 MBN이 한길리서치에 의뢰해 조사한 바에 따르면 10월말을 기준으로 문재인 후보가 안철수 후보를 역전했다. 다른 조사기관의 상당수 여론조사 결과도 이와 유사한 궤적을 그렸다.

〈문재인·안철수 야권후보 단일화 지지율 추이〉 (단위: %)

구분	9월 둘째주	9월 넷째주	10월 둘째주	10월 넷째주
문재인	38.9	40.1	42.1	42.2
안철수	42.0	47.5	43.5	39.2

이에 비해 문재인 후보는 여론조사에서 박근혜 후보에게 일시적인 경우를 제외하고는 일관되게 밀렸다. 반면 안철수 후보는 반대로 일시적인 경우를 제외하고 박근혜 후보보다 앞섰다. 그럼에도 불구하고 문재인 후보가 야권후보 단일화 지지율에서 안철수 후보를 앞선 것은 역선택의 가능성이 있음을 시사하는 대목이다.

(2) 역선택, 막을 수 없다면 활용하라

그렇다면 역선택을 막을 수단은 없는가. 주요 정당, 각 후보, 여론조사 기관은 역선택을 막기 위한 각종 수단을 마련한다. 다른 정당 지지자가 당내 경선에 개입하는 것을 차단하기 위해 이중삼중의 방어망을 설치하지만 유권자도 시간이 지날수록 똑똑해지고 있다. 또한 선거운동조직이라도 동원한다면 역선택을 막기 힘들다. 이제 여론조사에서 역선택도 일종의 선택이 되고 있다.

여론조사에서 역선택을 막을 수 없다면 어떻게 해야 하는가. 정답은 '활용하라' 이다. 우선 여론조사 결과를 분석할 때 역선택 가능성 있는지 면밀하게 살펴볼 필요가 있다. 이것은 여론조사 전문가의 도움을 받으면 쉽게 파악할 수 있다. 그런 다음 역선택 가능성을 지지자들에게 지속적으로 알려주면 된다. 나아가 역선택을 활용할 수 있는 적극적인 대응방안도 연구할 필요가 있다. 일반적으로 역선택은 전국 단위 선거에서는 자발적으로, 국회의원 선거구나 기초단체장 및 지방의원 선거구 경선에서는 조직적으로 이뤄지는 경우가 많다.

① 경선 여론조사는 선거운동 조직이 동원된다.

당내 경선 여론조사는 조직 동원에 의해서 승패가 나뉘기도 한다. 경선 여론조사는 통상 RDD 방식의 전화조사로 이루어진다. 각 정당에서는 경선 여론조사의 시간을 발표한다. 간혹 조직 동원을 막기 위해 여론조사 실시 시간에 대해 혼선을 주기도 하지만 이것은 그다지 효과가 없다. 왜냐하면 후보들마다 중앙당이나 시·도당에 각종 인맥이 있고 이들을 활용하면 그다지 어렵지 않게 여론조사 시간을 알아낼 수 있기 때문이다.

또한 후보들마다 여론조사 시간을 파악해 문자메시지 등을 활용하여 선거운동원이나 지지 유권자를 대상으로 여론조사에 참여를 독려하기 때문에 경선 여론조시 시간은 쉽게 노출될 수밖에 없다.

② 경선 여론조사 대응방안을 마련하라

새누리당은 2013년 9월말 경북 포항시 남구·울릉 국회의원 재보궐 선거 예비후보 7명을 대상으로 3명을 압축하기 위한 여론조사를 실시했다. 같은 날 '여론조사 전문기관 디오피니언'은 한 예비후보의 ARS 조사를 실시한 바 있다.

이날 ARS 조사의 응답률은 무려 6.9%에 달했다. 평상시 ARS 조사 응답률이 4~5% 수준이고 선거 시기가 임박하면 여론조사 피로도가 증가하여 심각하게는 2%대까지 떨어지는 것을 고려하면 비정상적으로 높은 것이었다. 당시 경북 포항시 남울릉 국회의원 재보궐 선거는 10명 이상의 예비후보가 출마하여 여론조사 피로도가 매우 높은 상태였다.

이처럼 높은 응답률은 각 예비후보 캠프마다 정당에서 실시하는 여론조사 시간을 미리 알고 선거운동 조직원들에게 동원령을 내려놓았기 때문으로 해석할 수 있다. 즉 여론조사 전화가 오면 피하지 말고 적극 응답해 특정 후보의 지지도를 높이자는 것이다. 이런 경우 외출할 때도 가정 전화를 휴대폰으로 착신하는 방안은 기본에 불과하다. 어떤 경우는 여론조사에서 젊은층 응답률이 낮기 때문에 나이를 실제보다 낮춰서 대답하는 경우까지도 종종 벌어진다.

당내 경선을 위한 여론조사는 이러한 조직 동원, 역선택 등 민심을 왜곡할 가능성이 있다. 조직 동원이나 역선택이 개입할 경우 여론조사 1등과 실제 1위가 다를 수 있다. 따라서 경선 여론조사에 대한 대응방안 마련은 본선 못지않게 중요하다. 특히 소위 텃밭 지역(영호남 등)은 경선이 곧 당선과 마찬가지이기 때문에 가능한 모든 대응 방안을 마련할 필요가 있다.

③ 김해재보궐, 유시민에게 몰락을 안기다

유시민 전 국민참여당 대표는 2010년 지방선거에서 경기도지사 야권단일후보로 나섰다가 새누리당 김문수 후보에게 졌지만 차기 대선 야권 선호도에선 1위를 유지했다. 2011년 초에는 유시민의 차기 대선 지지도가 15%를 넘기도 했다. 그런 유시민에게 몰락을 길을 걷게 한 선거가 바로 2011년 4월 27일 치러진 김해을 국회의원 재보궐 선거였다.

김해을은 노무현 전 대통령의 고향이고 그 이전 두 번의 선거에서 야당이 승리한 곳이었다. 반면 여당 조직이 오히려 취약한 상태였고 민심도 야권 후보에게 상당히 유리했다. 정치권에서는 큰 변수만 없다면 야권이 승리한 다는데 전망이 일치했다.

　선거일을 한달 앞둔 2011년 3월 27일 국민일보와 리서치뷰 여론조사에 따르면 민주당 곽진업 후보가 경쟁력이 훨씬 앞선 것으로 나타났다. 단일후보 적합도는 민주당 곽진업과 국민참여당 이봉수가 각각 38.0%, 37.4%로 나타나 박빙 판세를 형성하고 있었다. 그러나 한나라당 김태호 후보와 가상대결에서 곽진업 후보는 47.7%로 김태호 후보를 10% 이상 앞섰다. 이에 비해 이봉수 후보는 45.7% 김태호 후보에게 오차 범위 이내에서 앞섰다.

〈김해을 재보궐 단일후보 적합도 및 가상대결 (2011.3.27) 〉　(단위: %)

구분	단일후보 적합도	가상대결 (對 김태호)
민주당 곽진업	38.0	47.7 : 37.1
참여당 이봉수	37.4	45.7 : 40.5

　이후 발표된 여론조사에서도 비슷한 양상이 나타났다. 곽진업 후보와 이봉수 후보의 단일후보 적합도는 비슷했지만 가상대결에서는 곽진업 후보가 대체로 우세했다. 일부 조사에서는 곽진업 후보의 경우 가상대결에서 김태호 후보를 앞섰지만 이봉수 후보는 가상대결에서 밀리는 경우도 있었다.

　선거일을 보름 앞둔 4월 12일 야권 단일후보는 국민참여당 이봉수 후보로 발표됐다. 하루 전날 실시된 여론조사 결과였다. 경선 여론조사 날짜는 언론보도를 통해 널리 알려진 상태였다. 그리고 선거 결과는 야권 단일후보의 패배로 나타났다. 한나라당 김태호 후보는 51.0%를 득표하여 49.0%에 그친 이봉수 후보를 제쳤다.

김태호 후보의 승리는 화려한 경력, 강력한 친화력 등 개인기도 기여했을 것이다. 또한 김태호 후보는 중앙당 지원을 거부하고 외로운 선거로 유권자의 약자 동정심리를 파고들었다. 그러나 야권 단일후보 결정 과정에서 경쟁력이 앞서는 곽진업 후보가 탈락한 것은 자발적이든 의도적이든 역선택 개입 가능성이 있음을 시사하는 것이라고 할 수 있다.

유시민은 경선에서 웃었지만 본선에서 졌다. 2011년 4월 김해을 재보궐 선거에서 이봉수 후보가 패배한 이후 유시민 전 국민참여당 대표는 정치 일선에서 조금씩 물러나기 시작했다. 그리고 결국에는 정계은퇴로까지 이어졌다.

5
본선과 여론조사 활용전략

1) 공식선거운동 돌입 이전 여론조사가 곧 개표결과다

   선거일이 다가오면 유권자는 속속 발표되는 여론조사에 깊은 관심을 기울인다. 특히 여론조사 변화에 대해 재미를 느끼고 어떤 경우에는 역전과 재역전에 환호하기도 한다. 그렇다면 과연 여론조사 변동이 유권자 기대처럼 그렇게 많을까.

   정답은 '그런 경우는 흔하지 않다'이다. 대체로 공식선거운동 돌입 이전의 여론조사 결과가 개표결과와 같은 경우가 대부분이다. 다만 충청도와 같이 속내를 잘 드러내지 않는 곳은 여론조사 결과와 개표결과가 다른 경우도 있다.

   이런 지역도 여론조사에 나타나지 않는 바닥 민심을 제대로 읽었다면 짧은 선거운동 기간 동안 지지도가 그리 급격하게 변하지 않음을 알 수 있다.

(1) 선거운동 돌입전 여론조사 결과가 유리하다면 적극 홍보하라

지방선거 공식선거운동 기간은 13일이다. 상당수 언론은 공식선거운동 기간이 시작되는 시점에 여론조사 결과를 발표한다. 따라서 만약 여론조사 결과 앞서있다면 이러한 결과를 유권자에게 충분히 알릴 필요가 있다. 여론조사 결과가 발표되는 않는 지방의원 후보나 기초단체장 후보의 경우 공식선거운동 기간 시작 전후로 여론조사를 통해 실제 지지도를 점검해볼 필요가 있다.

(2) 불리하다면 공개하지 않는 것이 유리하다
- 후보와 참모들은 공유하고 대책을 마련하라

이러한 여론조사는 공식선거운동 기간의 선거전략 마련을 위해 필요하다. 어느 지역이 우세하고 열세인지, 나이나 계층 또는 남녀별 지지도 차이를 파악해 선거운동에 반영해야 한다. 여론조사 지지도가 크게 변하지는 않지만 지지도 차이가 미세하다면 이에 대한 적절한 대처가 필요하기 때문이다.

또한 공시선거운동 기간 돌입 이전의 여론조사 결과가 불리하다면 대외적으로 공개하지 않는 방법도 검토할 필요가 있다. "대세가 기울어 선거가 끝났다"고 생각하면 지지자들은 기권할 가능성이 있기 때문이다. 다만 격차가 그리 크지 않다면 위기의식을 고취하는 차원에서 공개하는 방안도 함께 검토할 필요가 있다. 다만 어떤 여론조사 결과든 핵심 참모들은 공유하는 것이 좋다. 어떤 경우든 타개책이 있을 수 있기 때문이다.

(3) 마지막 여론조사는 5일 전에 하라

마지막 여론조사는 대체로 선거일 5일 전에 추진하는 경우가 많다. 선거일 5일 전에는 대부분의 유권자가 지지후보를 결정한다. 따라서 여론조사가 거의 그대로 개표결과로 이어지는 경우가 많다. 그러나 경쟁 후보와 지지도 차이가 그리 크지 않다면 5일 전의 여론조사를 통해 투표 참여 여부에 대한 미결정 유권자나 10%p 내외로 줄어든 부동층에 대한 대책 등과 같이 마지막 득표활동을 준비할 수 있다.

〈 여론조사 결과 홍보 시 주의사항 〉

- 선거일전 6일전부터 여론조사 결과를 공개할 수 없다. 다만 그 이전에 실시된 여론조사는 공개할 수 있다.
- 우세든, 열세든 여론조사 공개 시 역풍 가능성이 있는지, 없는지에 대한 신중한 검토가 필요하다.
- SNS를 통한 여론조사 결과에 대한 홍보는 사전에 선관위와 협의해 불법 시비를 차단하는 것이 좋다.

2) 여론은 생활이슈에 있다

(1) 지방선거는 생활전쟁이다
- 이념 대신 생활을 선점하라

　대통령 선거나 국회의원 선거는 대체로 정치선거로 규정된다. 정치적인 이슈가 쟁점이 되고 이러한 흐름이 형성되면 바람이 태풍으로 부풀려지고 이것이 곧 승패를 결정짓는 경우가 많다. 김대중 전 대통령과 노무현 전 대통령은 보수 기득권세력에 대한 견제 흐름을 타고 승리했다. 반면 이명박 대통령과 박근혜 대통령은 진보세력에 대한 견제 흐름을 타고 승리했다.
　반면 지방선거는 다소 다르다. 지방선거는 주로 생활이슈가 쟁점이 된다. 따라서 여론도 당연히 생활이슈에 있다. 2006년 지방선거에서 김문수 경기지사의 선거 슬로건은 '대수도론'이었다. 대수도론은 서울과 경기도를 하나의 도시로 보자는 시각이었다. 경기도와 서울을 연결하는 교통망을 확충하고 주거 및 문화환경을 개선해 서울에 뒤떨어지지 않는 경기도를 건설하는 것이 핵심 내용이었다.
　당시 김문수 후보가 얻은 득표율은 59.7%였고 열린우리당 진대제 후보는 30.8%에 그쳤다. 물론 당시 지방선거가 한나라당 싹쓸이 형태로 귀결되었지만 경기도 선거에서 나타난 격차는 매우 컸다고 할 수 있다. 대수도론으로 생활이슈를 선점한 김문수 후보의 선거운동이 주효했다고 할 수 있다.
　민주당이 휩쓸었던 2010년 지방선거에서 김문수 후보의 핵심공약은 경

2010년 지방선거 당시 경기지사를 두고 경쟁을 벌인 김문수 한나라당 후보(왼쪽)와 유시민 국민참여당 후보(오른쪽). 유시민 후보는 당시 야권단일후보로 출마했지만 40.4% 득표에 그쳐 54.1%를 얻은 김문수 후보에게 패배했다.   사진_ 연합뉴스

기도와 서울을 연결하는 GTX 건설이었다. 한나라당은 경기도 주요 기초단체장선거에서 패배했지만 김문수 후보는 야권단일후보 유시민 후보를 꺾고 당선됐다. 2002년 경기도지사 선거에서 한나라당 손학규 후보의 선거 슬로건은 '땀으로 경기도를 적신다'였다. 이를테면 생활도지사, 일꾼도지사를 유권자에게 호소한 셈이다. 2011년 서울시장 재보궐 선거의 핵심쟁점은 무상급식을 둘러싼 논쟁이었다. 기초단체장선거나 광역의원, 기초의원 선거의 경우 생활이슈에 대한 유권자의 관심은 더욱 뜨겁다.

(2) 유권자를 뿔나게 하면 선거는 불리하다
- 숨어있는 민심을 찾아 공략하라

지방선거가 생활전쟁임을 잘 보여주는 사례로 2008년 6월 6일 치러진 서울시 강동구청장 재보궐 선거를 들 수 있다. 이명박정부가 출범하자마자 치러진 재보궐선거에서 민주당 이해식 후보는 예상을 깨고 한나라당 박명현 후보를 큰 차이로 눌렀다. 이해식 후보가 얻은 득표율은 53.06%로 박명현 후보의 39.38%보다 무려 14%p 가까이 앞섰다.

　서울시 강동구는 한강과 녹지공원, 선사유적 등을 끼고 있어서 쾌적한 주거 환경을 갖추고 있다. 교육환경도 좋아 중산층이 선호하는 지역 중 하나다. 경기도 분당신도시를 연상시킬 정도로 주거 선호도가 높아지는 곳이다. 이런 환경이다 보니 자연스럽게 보수성향이 강한 지역으로 분류할 수 있다. 이러한 지역에서 재보궐 선거에서 야당이 큰 격차로 승리했다는 것은 매우 이례적인 사례다. 그렇다면 강동구에서 무슨 일이 있었을까.

〈2008년 6.4 강동구청장 재보궐선거〉　　　　　　　　　　　　　(단위: %)

지역	선거인수	득표수	후보자별 득표율(득표수)			
			민주당 이해식	한나라당 박명현	무소속 장중웅	무효
강동	364,190	85,256	53.06	39.38	7.06	0.50

　당시 재보궐선거는 2007년 12월 신동우 전 구청장 사퇴로 치러지게 됐다. 당시 신 전 구청장은 2008년 4월 총선에 한나라당 후보로 출마하기 위해 사전에 사퇴했다. 그런데 신 전 구청장은 한나라당 공천을 신청했지만 공천에 탈락하고 말았다. 강동구청장 재보궐 선거에 출마한 박명현 후보는 신 전 구청장 사퇴 이후 '강동구청장 대행' 이었다. 상황이 이렇다보니 박명

현 후보는 재보궐선거에 출마하기 위해 '구청장 대행'을 또 사퇴할 수밖에 없었다.

강동구청장 재보궐선거는 '구청장 사퇴' 논란이 뜨거운 쟁점으로 떠올랐다. 민주당 이해식 후보 선거 슬로건은 '강동유권자 뿔났다' 였다. 이해식 후보 선거운동은 강동구 유권자에 자리잡고 있는 구청장 사퇴에 대한 비판심리를 자극했다.

구청장 사퇴에 대해 비판적인 민심은 잘 드러나지 않는다. 하지만 강동구의 경우 한나라당 출신 김충환 전 의원이나 새누리당 신동우 의원 모두 구청장을 역임했고 국회의원에 출마해 당선됐다. 이들 모두 임기 중에 구청장직을 사임한 전례가 있다. 민주당 이해식 후보는 이러한 숨어있는 민심을 잘 활용한 것으로 평가할 수 있다.

결국 지방선거는 생활이슈를 개발하고 이를 적절하게 활용해 여론조사 지지도 높이기에 적용하는 것이 매우 중요하다. 생활이슈 개발은 선거운동에 앞서 여론조사, 심층면접조사 등을 활용하면 의외로 손쉬울 수도 있다.

(3) 국회의원 선거도 바람이 전부는 아니다

국회의원을 선출하는 총선도 바람이 전부는 아니다. 2013년 10월 30일 치러진 경기도 화성시 갑 재보궐선거에 출마한 새누리당 서청원 후보는 지역개발의 적임자를 자처했다. 반면 민주당 오일룡 후보는 정권심판으로 맞대응했다. 서청원 후보는 선거기간 내내 지역연고가 없는 낙하산 후보, 과거 선거법 위반 전력 등을 이유로 상대 후보로부터 거센 공격을 받았다. 개표 결과 서청원 후보는 62.7%를 득표해 29.2%에 그친 오일룡 후보를 압도했다.

경기도 화성시 갑이 도농 복합지역으로 새누리당에 전통적으로 유리한 지역이기는 하지만 야당 후보의 득표율이 여당 후보의 절반에도 미치지 못했다는 것은 시사점이 크다. 바람으로만 선거를 치르려고 했던 야당의 선거전략은 생활이슈를 전면에 내세운 여당 후보의 선거전략에 완패를 당한 것이다.

이와 같이 국회의원선거도 최근의 흐름은 생활이슈가 점점 중요해지고 있다. 2012년 4월 치러진 제19대 총선에서 서울시 강동갑에서 새누리당 신동우 후보는 민주당의 이부영 후보를 꺾는 이변을 연출했다. 새누리당을 탈당하고 무소속으로 출마한 서울시 성북갑 정태근 후보와 서울시 관악갑 김성식 후보, 대구광역시의 강남이라는 수성갑에 민주당으로 출마한 김부겸 후보는 패배하기는 했지만 상대 후보와 치열한 접전을 펼쳤다. 이들 후보는 모두 생활이슈로 선거를 치른 공통점이 있다.

3) 유권자는 약자를 동정한다

최근 선거 트렌드 중 '언더독(underdog effect) 현상'을 들 수 있다. 원래 언더독 현상은 개싸움에서 유래되었다고 한다. 절대적인 강자가 있을 때 상대적인 약자가 강자를 이겨주기를 바라는 심리를 말한다.

언더독의 반대말은 '밴드왜건(band-wagon effect) 현상'이다. 밴드왜건은 편승효과로도 설명된다. 남이 하니 나도 따라서 한다는 의미로 해석할 수 있다.

(1) 2010년 지방선거, 여론조사 결과 20% 이상 뒤집혔다

선거에서도 언더독 현상과 밴드왜건 현상은 심심찮게 목격된다. 언더독 현상은 이명박정부 3년차이던 2010년 3월 천안함 피격사건으로 조성된 안보정국에서 치러진 2010년 6월 지방선거의 예를 들 수 있다.

2010년 5월 24일 이명박 당시 대통령이 서울시 용산구 전쟁기념관에서 담화문을 발표하는 모습.
사진_ 청와대공동취재단

당시 이명박정부와 한나라당은 안보정국을 대대적으로 조성했다. 급기야 이명박 전 대통령은 지방선거를 열흘 남짓 앞둔 5월 24일 서울시 용산 전쟁기념관을 찾아 "전쟁불사"를 외쳤다. 당시 대부분 여론조사는 여당인 한나라당의 압승을 점쳤다. 그러나 막상 뚜껑을 열어보니 야당인 민주당의 압승으로 결론 났다. 한나라당은 서울시장과 경기도지사, 영남권에서 간신히 이겼을 뿐 대부분 광역단체장을 야당에 내줘야 했다. 서울과 경기도에서도 기초단체장과 광역의원, 기초의원은 대부분은 야당으로 넘어갔다.

이명박정부와 한나라당은 천안함으로 조성된 안보정국을 최대한 활용하면서 지방선거의 압도덕인 승리를 전망했다. 반면 민주당 등 야당은 여론조사 열세로 참패를 예상했지만 유권자들은 말없이 투표장으로 향했다. 이는 결국 언더독 현상으로 설명될 수 있는 선거의 흐름이었던 것이다.

당시 서울시장 선거에서 오세훈 후보는 한명숙 후보에 비해 거의 모든 여론조사에서 20%p 이상 앞섰다. 그러나 개표결과 우열을 가리기 힘든 접전이었다. 한나라당은 서울과 경기, 영남을 제외한 대부분 지역에서 여론조사에 큰 격차로 이기고도 개표에서 패했다. 수도권 주요 기초단체장도 한나라당이 여론조사 결과 10%p 정도 앞섰지만 개표결과 10%p 내외로 뒤지고 말았다.

(2) 민주당 후보, 가평군수 선거에서 10%도 못 얻었다

2013년 4월 24일 치러진 가평군수 재보궐 선거를 살펴보자. 가평군수 재보궐에 출마한 후보는 모두 다섯 명이었다. 이 중 김봉현 민주당 후보를 제외한 나머지 4명은 모두 새누리당 성향 후보들이었다. 새누리당은 2013년 상반기 재보궐선거에서 기초단체장과 기초의원은 무(無)공천으로 대응했다. 이에 비해 민주당은 공천을 했으므로 민주당 대 새누리당의 1대4 구도가 형성된 셈이다.

얼핏 보면 민주당의 승산 가능성도 있어 보이는 구도였다. 우선 2012년 12월 치러진 대통령선거 개표결과를 살펴보자. 대선 당시 가평군의 선거인 수는 5만634명이다. 이 중 3만7316명이 투표를 했고 새누리당 박근혜 후보는 66.9%인 2만4967표를 얻었다. 민주당의 문재인 후보는 31.3%인 1만 1696표를 득표했다.

2013년 4월 24일 가평군수 재보궐선거에서 민주당 김봉현 후보가 얻은 표는 2368표로 9.1%에 그치고 말았다. 대선 당시 민주당 문재인 후보가 얻은 표의 4분1 수준인 것이다. 무소속 김성기 후보가 9703표로 1위를 차지했으니 문재인 지지표가 민주당 김봉현 후보를 지지했다면 당락이 바뀔 수도 있는 선거였다.

〈2013년 4.24 재보궐 선거(가평군수)〉 (단위: 명, %)

지역	선거인수	득표수	후보자별 득표율(득표수)					
			민주당 김봉현	무소속 육도수	무소속 박창석	무소속 정진구	무소속 김성기	무효
가평	50,728 28	25,922 22	9.14	4.50	29.64	17.48	37.44	1.8

▶유권자는 불쌍하게 보이는 후보에 공감한다

가평군수 재보궐 선거에서 민주당이 취한 전략은 김봉현 후보의 승리 가능성도 있다는 판단 아래 막대한 물량공세였다. 민주당 소속 국회의원 대부분이 한 번 이상 가평군을 찾아 지원유세를 펼쳤다. 이 중 일부 국회의원들은 가평군에서 숙박하기도 했다.

반면 한나라당 성향의 무소속 후보들은 혈혈단신으로 선거운동에 임했다. 아예 공천을 하지 못했기 때문에 중앙당 지원과 지역구 국회의원은 물론 도의원과 군의원의 도움도 전혀 받을 수 없었다. 그러나 선거결과 민주당 후보는 초라한 성적표를 받아들었다. 최근 선거에서 나타난 대표적인 언더독 현상의 예가 될 수 있다.

물론 선거는 민심과 여론 추이, 소속 정당의 지지도, 지역구에서 정당과 후보의 구도, 후보 본인의 역량 등이 종합적으로 고려되어야 한다. 대통령 선거 이후 지지율이 많이 떨어진 민주당의 한계를 드러낸 측면도 있다. 그러나 최근 선거 흐름 속에서 나타나는 약자 동정심리도 제대로 파악하고 선거에 활용할 필요가 있다.

(3) 손학규, 외로운 선거로 분당을 재보궐 선거 승리하다

2011년 4월 27일 치러진 경기도 성남시 분당을 재보궐 선거도 언더독 현상이 표출된 선거의 사례로 살펴볼 수 있다. 성남시 분당구 을 선거구는 단 한 차례도 야당이 당선된 적이 없는 전형적인 보수 성향으로 알려져 있다. 또 이명박정부에서 막강 파워를 자랑하던 임태희 전 의원의 지역구로서 그가 대통령실장으로 이동하면서 공석이 된 지역구였다. 강재섭 전 한나라당 대표가 공천을 받았기 때문에 한나라당 승리가 점쳐지던 곳이다.

당시 손학규 후보가 내세운 전략은 나홀로 선거였다. 민주당의 일체 지원을 거부하고 철저하게 외로운 선거로 일관했다. 수행비서와 단 둘이서 지역을 누비며 읍소전략을 폈다. 걷고 또 걷는 홀로 선거가 유일한 선거 전략이었다. 당시 여론조사 결과는 들쭉날쭉했다.

손학규 후보가 출마선언을 하고 선거운동을 개시하면서 지지율이 상승했다. 4월 동아일보 조사에서는 민주당 손학규 42.7%, 한나라당 강재섭

44.3%로 뒤졌지만 4월 18일 디오피니언 조사에서는 손학규 47.3%, 강재섭 44.7%로 역전했다. 마지막 조사인 4월 22일 코리아리서치는 손학규 39.6%, 강재섭 41.9%로 나왔다.

〈2011년 4·27 분당을 손학규 vs 강재섭 여론조사 결과〉 (단위: %)

조사일시	여론조사결과		조사기관
	민주당 손학규	한나라당 강재섭	
4/1	42.7	44.3	동아일보
4/18	47.3	44.7	디오피니언
4/19	41.4	41.9	한길리서치
4/20	40.9	34.7	중앙일보
4/22	39.6	41.9	코리아리서치
선거결과	51.0	48.3	투표율 49.1

▶여론조사에 대한 과잉홍보는 역효과를 낳는다

한나라당은 당내 유력 인사들을 총동원해 선거운동에 임했다. 막대한 물량공세를 통해 외로운 선거운동을 고집하고 있는 손학규 후보를 압박했다. 상당수 선거 전문가들도 보수 성향의 분당 분위기와 보수 결집 징조 등을 고려하며 강재섭 후보의 신승을 전망했다. 그러나 결과는 손학규 후보가 51.0%를 득표하여 48.3% 득표에 그친 강재섭 후보를 물리치고 2.7%p 차이로 승리했다.

당시 한나라당과 강재섭 후보가 취한 전략은 유리한 여론조사 결과의 집중 홍보였다. 이를 근거로 강재섭 후보가 앞서가고 있다는 주장을 폈다. 이에 비해 민주당과 손학규 후보는 불리한 여론조사 결과를 공개하고 투표 참여를 호소했다. 일테면 강재섭 후보가 유리한 여론조사를 바탕으로 과잉홍보를 했는데 이는 편승효과에 기댄 것이다. 손학규 후보는 불리한 여론조사를 바탕으로 약자 동정심리에 호소한 것이다. 개표결과 약자 동정심리가 편승효과를 제쳤다.

| 제3장 | 돈 안 드는 조직전략*

---

* '당선노하우 99'(정창교, 김상진, 양승오, 2009, 피지커뮤니케이션 발행) 책의 조직분야를 수정·보완했다.

1 조직이 필요한가?

1) 조직에도 발상의 전환이 필요하다
   – 변화된 시대에 맞는 조직을 꾸리자

후보에게 '조직과 돈'은 가장 큰 고민이다. 조직을 구축하기 위해서 돈은 필수다. 혈연관계나 친구를 비롯한 가까운 사이가 아닌 순수한 자원봉사자란 현실적으로 거의 없어서 그들로 조직을 구축하기란 불가능에 가까운 것이 현실이다.

돈이 들어가는 조직은 선거법이 허용하는 범위 안에서 구축할 수밖에 없다. 선거 유형별로 차이가 있지만 예비후보자가 되면 사무실에 유급사무원을 둘 수 있고, 선거기간이 되면 읍·면·동수의 3배수에 5를 더한 수 이내의 유급사무원을 활용 할 수 있다. 실질적으로 움직이는 핵심조직은 법이 허용하는 유급사무원으로 하고, 나머지는 지지자 그룹으로 구축할 수밖에 없다. 그렇기에 조직을 어떻게 운용할 것인지를 먼저 구상하고 꾸려야 한다.

기존의 조직선거와 같이 당선만 되고 보자는 식으로 조직을 만들다가는 당선되기 전에 교도소로 직행할 지도 모른다. 그렇다고 아무런 조직 없이 혼자 뛰는 후보는 "저 사람은 도대체 왜 출마했지"라는 말을 듣기 십상이다.

'선거조직은 필요하다. 그런데 돈은 쓸 수 없다.' 참 어려운 문제이다. 선거법을 준수하면서 조직을 구축한다는 것은 어찌 보면 모순이다. 현재 선거법상 허용되는 유급사무원이 너무 적기 때문이다. 그래서 후보들이나 참모들의 중요한 고민 중 하나가 "어떻게 하면 선거법을 위반하지 않고 운동원에게 실비를 제공할까"에 있다.

물론 이런 원인은 우리의 오랜 선거문화에서 비롯된다. 돈을 들여야만 조직이 움직이고 동원이 가능했다. 얼마 전까지만 해도 선거에서 조직은 세를 과시하는 유력한 수단이었으며 선거 판세를 결정짓는 가장 중요한 요소 중 하나였던 것은 부인할 수 없는 사실이다.

하지만 선거문화가 바뀌었다. 더욱 강화된 선거법으로 인해 기부행위를 하면 제공자는 수사를 받게 되고, 기부 받은 자는 50배의 과태료에 처하게 된다. 따라서 이제는 후보자나 유권자 모두 금품이나 향응을 제공하거나 받지 않으려는 풍토가 점차 확산되고 있다.

이에 따라 조직의 패러다임도 바뀌었다. '조직에는 반드시 돈이 들어야 한다'는 기존의 그릇된 틀을 깨지 않으면 변화된 선거문화에 부합하는 조직을 꾸릴 수 없다.

돈을 뿌려 조직을 구축하고 돈으로 표를 사는 시대는 끝났다는 사실을 인정하지 않고서는 절대 조직을 만들 수 없다는 사실을 기억하기 바란다. 그렇다면 어떻게 선거조직을 꾸려야 할까?

지난 2002년 대선에서 노무현 후보를 탄생시킨 '노사모'를 생각해보자. 본인들이 자발적으로 활동비를 걷고, 인터넷을 통하여 커뮤니케이션을 하며, 전국 방방곡곡을 찾아가 "노무현"을 외쳐댔던 자발적인 지지 조직이었다.

이들은 기존 정당이나 후보가 꾸려왔던 조직과는 완전히 다른 조직형태를 갖췄다. 물론 노무현이라는 독특한 캐릭터와 지역감정 해소라는 가치가 이러한 지지 조직을 탄생시켰다. 그러나 지명도 없는 후보에게 '아무개를 사랑하는 모임'이 자발적으로 만들어 질 리 없는 것이 현실이다.

그렇지만 생각을 조금만 바꾸어보면 자발적 조직이 불가능한 일도 아니다. 지역 현안에 대한 문제를 가지고 모임이 만들어지면 그 모임은 누가 돈을 주지 않아도 자발적으로 모이게 되고, 어떤 모임보다 적극적이고 응집력이 강한 조직으로 발전하게 된다. 'OOO를 사랑하는 모임'이 아닌 'OOO 문제 해결을 위한 모임'을 결성하면 돈이 들어간 조직보다도 더욱 강력한 이슈조직이 되고 이러한 이슈조직이 발전하면 지지 조직으로 발전될 수도 있는 것이다. 이러한 조직은 1인 보스가 모든 것을 좌우하는 기존의 수직적인 선거조직이 아닌 수평적이고 자발적인 모임이 되는 것이다.

2) 동심원 원리
– '조직은 나의 가족부터 시작한다'

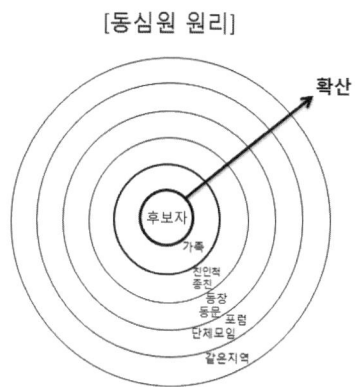

[동심원 원리]

선거는 본인의 한 표로부터 시작해 한 표가 열 표가 되고, 열 표가 다시 백 표, 천 표로 확산되는 과정의 연속이다. 즉 자신으로부터 시작해 가장 가까운 곳에서부터 표가 확산되지 않으면 선거에서는 이길 수 없다. 자신의 가족, 친지, 친구, 동문, 종친, 향우, 후보가 살고 있는 지역이나 아파트 등에서 착실하게 표를 다져야 이길 수 있는 기반이 되는 것이다. 자신의 주위로부터 인정받지 못하고서는 1년 내내 다른 지역을 돌아다녀도 표가 되지 않는다.

▶ '1대250'의 법칙

선거준비에서부터 끝날 때까지 후보가 통상적으로 만날 수 있는 유권자는 매우 제한적이다. 결국 선거가 끝날 때까지 후보를 단 한 번도 만나지 못한 유권자는 주변 사람의 이야기를 듣거나 언론을 통해서, 또는 홍보물을 보고 투표하게 된다. 따라서 만날 수 있는 소수 유권자를 통해 만날 수 없는 다수 유권자에게 전파력을 확산시키는 것이 선거운동에서 말하는 조직의 원리이다.

'판매에 불가능은 없다' 라는 책을 통해 자동차 판매왕으로 잘 알려진 죠 지라드(Joe Girard)는 12년 동안 1만3000대의 자동차를 팔아 기네스북에 오른 입지전적 인물이다. 그가 강조했던 법칙이 250명의 법칙이다. 한 사람의 평균적 인맥은 약 250명 정도로 그 사람을 정성스럽게 대할 경우 그는 주변의 250명에게 우리(후보자)에 대한 좋은 이야기를 하고 영업(선거운동)을 도울 수 있다는 것이다.

'조직=철도망' 이라는 얘기도 있다. 조직이 철도망과 같다는 뜻은 후보라는 상품을 목적지까지 안전하게 실어 나르기 위해 간이역 역할을 하는 사람도 있고, 간이역과 간이역을 연결 해주는 역할을 하는 사람도 있다. 사람과 사람이 그렇게 방사선으로 퍼져 나갈 수 있도록 연결하는 것이 바로 조직이라는 얘기다.

하지만 정치신인이든 현역이든 아주 기본적인 조직, 열성적으로 움직일 수 있는 조직과 효과적으로 가동이 가능한 인력이 구축되어 있다면 선거에서 바람몰이는 충분히 가능하다. 가장 열렬히 도와줄 수 있는 후보 주변의 조직을 특별히 관리할 필요가 있다는 뜻이다.

조직은 거미줄처럼 촘촘하게 엮여져야 한다. "열길 물속은 알아도 한 길 사람 속은 모른다"는 말처럼 선거는 투표를 마치기 전까지 마음을 놓을 수 없다. 하룻저녁에 뒤집힐 수 있는 것이 선거이기 때문이다.

선거를 하다보면 어느 지역은 상황이 잘 파악되고 날이 갈수록 표가 움직이는 것이 보이는데, 어느 지역은 좀처럼 열세를 벗어나지 못하는 지역이 있다. 지역적 특성 때문이기도 하겠지만 조직이 가동되지 않아 생기는 상황일 수도 있다. 공조직만 믿고 있다가 조직책임자가 움직이지 않으면 아무것도 할 수 없는 상황을 초래하는 경우도 있고, 사조직의 어느 한 단체를 믿고 있다가 낭패를 보는 경우도 있다.

따라서 조직은 종과 횡을 가르는 거미줄과 같아야 한다. 하나의 조직만으로 1개의 읍·면·동을 책임지게 해서는 안 된다. 공조직과 동창회, 향우회, 친목계 등 사조직이 서로 씨줄과 날줄처럼 빈틈없이 짜야 비로소 조직이 구축되었다고 볼 수 있다. 그래야 조직 간 움직임을 자연스럽게 확인할 수 있으며, 이를 통해 상호 견제할 수도 있다. 주식투자에 있어 계란을 한 바구니에 담지 않는 것처럼 결코 일방적으로 특정 조직에만 모든 것을 맡기면 위험하다.

3) 공조직과 사조직으로 거미줄을 쳐라
– '공조직이 앞장서고 사조직이 뒷받침하라'

(1) 공조직

공조직은 공식적이고 공개적인 조직을 말한다. 당원협의회장(지역위원장), 운영위원, 사무국장, 읍·면·동 협의회장 등으로 구성되는 정당조직이 대표적 공조직이다. 정당후보는 이러한 공식적인 조직이 형성되어 있어 무소속 후보에 비해 훨씬 유리한 고지를 선점하게 된다.

따라서 정당의 공천을 받지 못한 후보일수록 가용할 수 있는 인력을 최대한 활용하여 공조직을 빨리 구축해야 한다. 왜냐하면 선거에서 판세가 결정되기 전에 팽팽한 세를 형성해야 하기 때문이다. 예를 들자면 선거 판세가 2강3약 구도로 형성되고 있다고 하면 2강 속에 포함되어야 당선 가능한 선거를 할 수 있다. 그러나 공천을 받지 않은 상태에서 공조직을 만든다는 것은 굉장히 어려운 일이다.

〈당원협의회 기구표 예시〉

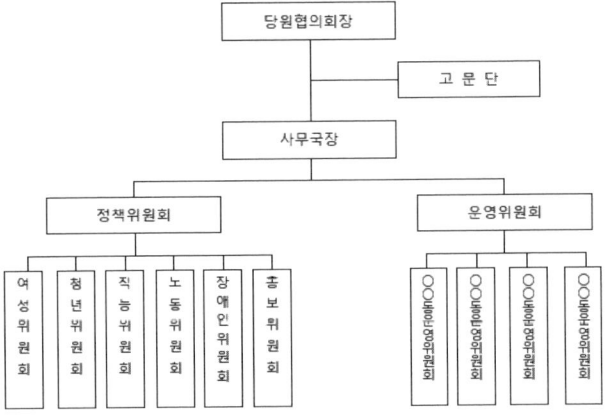

(2) 사조직

사조직은 말 그대로 후보자의 사적인 조직을 말한다. 공조직이 '선(線)조직'이라면, 사조직은 '점(點)조직'이다. 친목회, 동창회, 향우회, 종친회, 종교단체 등 후보와 연고가 있거나 가까이 할 수 있는 사조직을 활용하는 것은 선거에 필수적이다. 후보와 연관이 깊은 사조직 하나가 선거 판세를 결정짓는 중요한 요소가 되기도 한다.

예를 들어 어느 고등학교에서 "이번에는 우리학교 출신의 후보를 반드시 당선시키자"라는 결의를 하게 되면 국회의원 선거의 경우 전체 분위기를 바꾸어 놓을 수도 있다. 공조직을 움직이기 위해서는 돈이 필요할 수 있지만 후보와 가까운 사조직은 돈이 투입되지 않아도 열과 성의를 다해 움직인다. 따라서 확실한 사조직 구축은 선거에서 대단히 중요한 변수로 작용하게 된다.

(3) 선거대책본부

선거대책본부는 한마디로 선거를 치르기 위한 일시적이며 효율적인 조직이다. 공조직과 사조직 구분 없이 후보자의 지지자 모두를 조직에 포함시켜 일사분란한 조직을 만드는 것이다.

어느 조직이든지 회의가 많고 긴 조직은 문제가 있다. 특히나 긴급하게 돌아가야 하는 선거조직에 있어서 복잡한 의사결정 구조는 크나큰 해악이다. 선거운동이 짧은 기간임을 감안할 때 의사결정이 몇 시간 또는 하루가 미뤄지면 수백, 수천의 표를 잃을 수도 있는 것이다. 따라서 중요한 결정은 5명 이내의 핵심적인 책임자가 협의하여 빠르게 할 수 있는 시스템을 만들어야 한다.

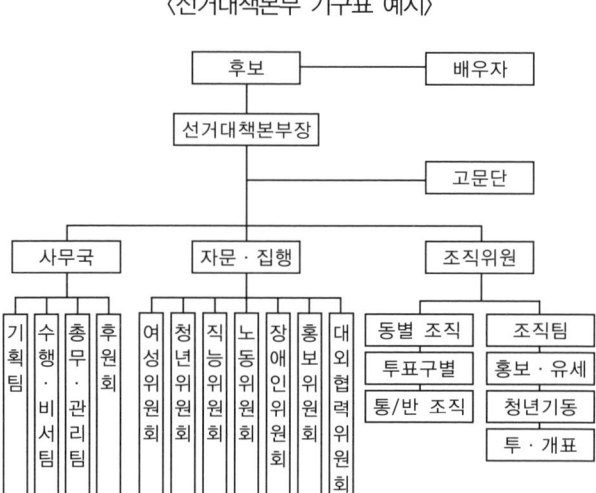

〈선거대책본부 기구표 예시〉

〈선거대책위원회 운영원칙〉

① 소외되는 자가 없이 구성하라(연합전선을 구축)
   - 원로는 고문단, 자문위원, 지도위원 등에 모두 위촉
② 적이 많은 사람은 핵심지위에 배치해서는 안된다
   - 능력이 있어도 적이 많은 사람은 대책위원회의 분란을 만들기 쉽다
③ 대책위원장은 후보를 보완할 수 있는 자를 세워야한다
   - 지역의 명망가를 삼고초려해서라도 위촉해야 한다
   (젊은 후보-연세있는 원로, 나이 많은 후보-신선하고 개혁적인 인물)
④ 회계책임자는 신뢰가 첫째이며, 선거판을 읽고 대처할 수 있는 사람이면 더욱 좋다
   - 회계책임자는 후보의 당락과 직결되는 임무를 맡게 된다
⑤ 핵심조직위원장, 사무장, 상황실장, 기획책임자, 조직책임자 등) 회의를 정례화 하고, 회의는 가능한 짧게 하라
   - 오전 내내 회의 후 점심 먹고 집에 가는 조직은 망한다

(4) 선거조직 운영의 관건은 화합이다
- '분란을 일으키는 조직은 없는 것보다 못하다'

선거조직에서 흔히 볼 수 있는 것이 공조직과 사조직과의 마찰이다. 서로가 후보를 중간에 두고 충성경쟁을 위해 헐뜯고 견제하게 되면, 조직내부의 균열로 심각한 문제를 야기하는 경우가 있다.

선거대책본부를 구성할 때는 공조직을 중심으로 하고, 사조직은 보이지 않는 보조적 관계를 취하는 것이 좋다. 공조직이 무력화되면 곧바로 외부에 좋지 않은 소문으로 퍼지게 된다. 이럴 경우 그 선거는 내부 조직만 추스르다가 끝날 수 있다.

선거에서 친인척은 가장 필요하지만, 단속 역시 잘해야 한다. "친인척이 설쳐서 선거 못 하겠다"는 소리가 나오면 피곤한 선거가 된다. 친인척이 전혀 보이지 않는 것도 문제지만 전면에 나서면 선거운동원들이 부담스러워하고, 그들의 눈치를 보느라 아무 일도 못하게 되는 수가 있다.

친인척으로 하여금 '청소나 밥하는 일' 등 가능하면 궂은 일을 맡기면 오히려 좋은 반응을 얻게 된다.

(5) 이런 사람을 선정하라

▶법적 지위와 책임이 있는 직책

□ 선거사무장(사무국장)

- 선거를 치르는데 굉장히 중요한 사람이다. 우선 지역사정에 밝아야 하며, 지역의 사람들도 두루두루 알고 지내는 사람이어야 한다. 본인이 전화하면 몇 사람 정도는 쉽게 동원할 수 있는 정도는 되어야 선거 사무장으로서 역할을 할 수 있다. 선거사무실을 총괄하는 역할을 할 수 있는 노련한 사람을 선정해야 한다. 선거사무장이 징역형(금고형 이상)을 선고 받게 되면 당선된 이후에도 그 직을 상실하게 되므로, 심사숙고하여 선정해야 한다.

□ 회계책임자

- 선거회계는 후보자에게 굉장히 중요한 내용이다. 당선이 되고나서도

회계보고에서 실수하면 돌이킬 수 없는 결과를 초래하게 된다. 따라서 가장 믿을 수 있는 사람이어야 하며, 지역 선관위와 관계를 맺고 선거법 정도는 숙지할 수 있는 사람이어야 한다. 회계책임자가 징역형(금고형 이상)을 선고 받게 되면 당선된 이후에도 그 직을 상실하게 된다.

▶법적인 지위는 없으나 선거에서 중요한 직책
　□ 선거대책위원장, 선거대책본부장
- 앞서 거론했던 연합전선을 구축하는데 상징적인 인물을 선정하는 것이 바람직하다. 상대후보와 경쟁자, 아니면 본인과 경쟁자, 또는 지역에서 명망 있는 원로를 모시는 것이 좋겠다. 적이 많은 사람은 금물이다.

　□ 고문, 자문위원, 부위원장, 대책위원
- 선거에서는 소외되는 사람이 있어서는 않된다. 이러한 직책은 몇 명이 되어도 괜찮다. 지역의 원로, 명망가, 단체의 대표자 등을 모두 발굴해 위와 같은 직책을 부여한 뒤 목적의식을 주어야 한다.

　□ 상황실장
- 선거를 많이 해본 경험이 필요하다. 긴박하게 돌아가는 선거상황에서 상황에 대처하는 능력과 판단력을 가져야 한다. 부정선거감시단을 통솔하면서 때에 따라서는 사무장과 함께 사무실 전체를 움직이는 역할을 하여야 한다.

□ **기획실장(팀장)**
- 선거에 대한 경험, 감각, 분석력, 판단력 등 선거의 전략가이어야 한다. 이러한 사람은 지역에서 찾기가 힘들 것이다. 이렇게 유능한 사람이 지역에서 놀고 있을 리 없기 때문이다. 따라서 외부에서 영입해 일찍부터 후보자와 호흡을 맞출 수 있는 사람으로 선정하는 것이 좋다.

□ **조직국장(팀장)**
- 지역 토박이여야 한다. 지역에 나가면 형님, 동생을 찾는 사람이 길거리에 몇 명은 있어야 한다. 그래야 읍·면·동에 조직을 구축하고 관리할 수 있을 것 아닌가.

□ **읍·면·동 책임자(협의회장)**
- 공조직에서 가장 중요한 사람이다. 실질적인 인원 동원을 할 수 있어야 하며, 지역의 정보를 제일 잘 아는 사람으로 선정해야 한다. 해당 지역에 적이 없는 사람을 선정해야 표가 된다. 흔히 지역에 가면 "누구 보기 싫어서 OOO후보는 찍기 싫다"는 경우가 있는데, 지역책임자가 누구냐에 따라 이러한 말이 나오게 된다.

□ **청년, 여성 부장(팀장)**
- 읍·면·동의 책임자(협의회장)와 호흡이 맞아야 하므로 책임자와 협의하여 선정해야 한다. 유명무실한 이름만 있는 사람은 안 된다.

□ 유세지원 팀장

- 지역지리를 잘 알아야 하며 상황 대처능력이 있어야 한다. 단순히 후보를 따라다니는 것이 아니라 유세 분위기와 장소 등을 빨리빨리 만들 수 있는 사람이어야 한다.

□ 비서실 팀장

- 후보자와 대책본부 간에 가교역할을 할 수 있는 사람이어야 한다. 중요한 것은 사심이 없어야 한다. 비서실에서 후보의 의중을 사심 없이 전달하지 못하고, 사심이 개입되면 후보와 선거조직 간에 불협화음이 나오게 된다.

2 조직은 무엇을 해야 하나?

1) 데이터를 최대한 확보하라

자신의 홍보를 위해 유의미한 인명부(데이터베이스)를 확보해야 한다. 지역의 영향력 있는 오피니언 리더들, 당원명부, 후보의 인지도가 낮지만 공략해야 할 계층 등에 대한 명단을 사전에 데이터베이스로 구축해서 준비하고 있어야 한다.

특히 예비후보자는 세대수의 1/10에 해당하는 범위 안에서 관할선관위에 발송신고를 한 후 요금별납의 방법으로 예비후보자 홍보물을 발송할 수 있다. 예비후보자 홍보물은 후보 인지도를 높이고 이미지를 형성하는 데 매우 중요하다.

그러나 무작위로 홍보물을 보내는 것보다는 정확한 타겟을 정해 집중적으로 자신을 알리는 일이 더 중요하다. 제한된 홍보물을 자신의 열렬한 지지지들에게 보내는 것은 별 의미가 없다. 특히 경쟁 후보나 상대 정당의 열렬한 지지자들에게 보내는 일은 '죽 쒀서 개주는 격'이다.

> ▶ 데이터베이스로 구축할 주요 명단
>
> - 당원명부(핵심당원, 일반당원 분류)
> - 통·반장 명부
> - 각 사회단체 명부(바르게살기협의회, 생활체육협의회, 여성단체, 새마을회 등)
> - 각 직능단체 명부(의사회, 약사회, 한의사회, 이·미용사회, 개인택시조합, 농·축협조합 등)
> - 각 향우회 및 동창회 명부
> - 각 씨족 및 종친회 명부
> - 각 친목회 명부
> - 각 동호회 명부(등산, 배드민턴, 조기축구 등)
> - 기타 후보와 관련 있는 지인 및 만난 사람

(1) 한 장의 명함이 모여 1000명의 유권자가 된다

후보자는 선거운동 이전부터 명함 관리를 꾸준히 해야 한다. 만나는 사람은 반드시 명함을 받고 전화번호와 이메일을 데이터베이스에 입력한다. 또한 만난 사람에게 그 다음 날 감사와 반가움을 표시하는 문자나 이메일을 보내 그 사람을 내편으로 만들어야 한다.

한 통의 감사문자와 이메일이 미래의 단단한 지지자를 만드는 일이다. 한꺼번에 모아서 하면 나중에 커다란 짐이 된다. 매일 습관처럼 하다보면 자신도 모르게 상당한 인맥이 만들어지게 된다. 데이터베이스는 외부에서 구할 수도 있지만 후보자가 직접 만난 사람들에서부터 시작해야 한다는 사실을 결코 잊어서는 안 된다.

(2) 관리하지 않는 명단은 종이 쪼가리다
- 인맥(명단)관리의 시작은 연고자 카드 작성부터

2009년 4월 29일 광주광역시 서구(다) 선거구에서는 투표율 19%를 기록한 가운데 민주노동당 류정수 당선자가 총투표자수 1만312명 중 5511표를 얻어 54.11% 득표율로 당선됐다. 반면 민주당 고경애 후보는 4706표(45.88%)에 그쳤다. '막대기만 꽂아도 당선된다' 는 호남에서 민주당의 체면이 구겨진 것이다.

그 기적과 같은 일은 민주노동당의 지역 내 당원들이 '연고자 찾기 운동' 을 통해 투표 가능한 연고자 조직 동원이 있었기에 가능한 일이었다.

민주노동당은 중앙당 차원에서 전국적으로 연고자 찾기 운동에 돌입했다. 민주노동당 서구위원회에 따르면 당시 선거승리를 위해 당원들이 연고자 찾기로 취합한 투표 의향이 있는 유권자 명단이 5800여명에 이르렀다고 한다. 그런데 서구(다) 선거구 총투표자수는 1만312명이었다. 연고자 찾기로 조직한 유권자 수만 과반수를 넘어섰다.

민주노동당은 이렇게 마련된 연고자 데이터베이스를 집중적으로 공략했다. 이 중 투표자가 타 지역인 사람, 투표 당일 부득이하게 투표하지 못했던 사람 수를 고려하더라도 지역 당원들이 총 투표자의 절반에 가까운 유권자를 투표소로 끌어낸 것이다.

이와 같이 조직을 구축하는 것도 중요하지만 관리하는 것은 더욱 중요하다. 먼저 후보자가 제일 먼저 해야 할 일은 친지, 동창, 사회동료 및 지지자

등 자신의 인맥을 총동원해 선거구 내에 거주하는 사람 중에서 자신의 부탁이면 반드시 들어줄 특별한 관계의 사람을 능력껏 추천해달라고 부탁한다. 가급적 선거구 내 연고자를 추천 받는 것이 좋지만, 선거구 내 연고자가 없을 경우 능력이 있거나 인맥이 넓은 사람을 추천 받아 핵심운동원으로 임용하거나 그 사람의 인맥을 활용하여 재차 연고자를 찾을 수 있다.

이를 통해 연고자의 이름, 주소, 전화번호, 이메일주소, 직업, 추천자와의 관계 등을 기록한 명단을 확보한다. 1인당 10명씩만 연고자 추천을 받는다고 할 때, 앞서 말한 '1대250' 법칙을 적용하면 일단 2500명의 명단을 확보하게 되는 것이다.

아울러 연고자를 찾는 다른 방법으로는 후보가 개설한 인터넷 홈페이지나 블로그 등에 '연고자 찾기'라는 제목으로 서식을 게재하거나 당원집회, 선거사무소 개소식에 서식을 비치하여 작성하게 하는 방법이 있다.

이렇게 확보한 명단은 반드시 프로그램을 통해 데이터베이스로 구축하여 체계적으로 관리해야 한다. 이 작업을 꾸준히 해서 어느 정도 데이터가 쌓일 때는 선거운동원으로 모집하거나 홍보 대상으로 활용할 수 있을 뿐만 아니라 지역인사의 성향과 움직임을 파악할 수 있다. 소규모 지역에서는 이러한 조직의 영향력이 막강하므로 후보는 이들 조직을 어떻게 확대해 나갈 것인지에 대해 많은 연구를 해야 한다.

2) 상대후보들의 움직임을 파악하라

나와 상대하는 후보가 무엇을 하는지를 알아야 나의 전략을 세울 수 있는데, 상대후보의 동향을 알 수 있는 길이 무엇이 있을까? 상대후보의 움직임을 알려주는 조직이 없으면 기껏 알 수 있는 길이 언론을 통해서 또는 동네를 돌아다니는 정보과 형사를 통해서 얻는 정도이다. 앞에서 살펴보았듯이 상대후보가 어떻게 활동하는지를 모르고 세우는 전략은 큰 허점을 안고 있을 수 있다.

따라서 조직원들에게 상대후보의 동향을 매일 매일 체크해서 본부로 취합해 줄 것을 요구해야 한다. 이것은 조직 이외에는 할 수 없는 조직의 중요한 업무이다.

상대후보의 활동 동선, 어떤 메시지를 말하는지, 누구와 같이 다니는지 등은 기본으로 알고 있어야 한다. 또한 상대후보의 주요 조직원들의 활동, 상대후보 측에서 펼치는 구전홍보의 내용 등을 파악해야 대책을 세울 수 있는 것 아닌가?

3) 구전홍보를 쉽고 조직적으로 전개하라

정보통신 발달로 요즘 소문은 하루도 되지 않아 몇 시간 만에 퍼져버린다. 직접 사람과 사람을 통해 전하는 말들은 아마 며칠은 족히 소요될 것이다. 그런데 직접 사람을 통해 하든지 아니면 정보통신망을 통해서 하든지 조직이 있으면 쉽고 조직적으로 홍보를 할 수 있다.

　SNS상에 글을 퍼 나르는 것도 결국은 사람이 해야 할 일이다. 즉 조직이 있어야 자신에게 유리한 홍보를 할 수 있는 것이다.

　온라인을 통해서 하는 상대후보에 대한 네거티브적인 홍보내용은 매우 조심해야 한다. 자칫 선거법 위반이 돼 당선된 이후에도 직을 잃을 수 있다. 특히 말로 하는 구전홍보는 추적이 어렵지만 온라인을 통해 하는 말들은 IP를 추적하면 그 진원지가 밝혀지게 된다. 따라서 온라인과 SNS를 통해서 하는 선거운동은 가능한 포지티브한 내용으로 캠페인을 전개하는 것이 좋다.

　선거조직이 만들어지면 조직원들이 왜 우리 후보를 찍어야 하는지를 쉽고 간결하게 말해야 한다. 또한 상대 후보가 되어서는 안 되는 이유를 간단하게 말할 수 있어야 한다. 이렇게 하지 못한다면 그 조직은 누구를 돕기 위한 선거조직이라고 말할 수 없을 것이다.

　예를 들어 공직자들의 병역문제가 사회적 문제로 제기되었을 시기에 상대후보가 병역을 면제 받은 경우는 어떻게 할 것인가? 질병에 의해서 면제를 받았다고 하는데 진짜인지 확인할 길도 없을 때는 답답할 것이다.

　이럴 경우 구전홍보를 활용하는 것이 제일 좋다. 확인 되지 않은 사안이지만 병역을 면제 받았다는 것만으로도 사람들은 충분히 병역비리에 대한 의심의 여지가 있기에 유력한 선거캠페인 내용이 될 수 있다. 상대후보가 병역을 면제 받았으며 의구심이 있다는 내용을 계속적으로 구전을 통해 알려지면 상대는 그것을 해명하다 선거가 끝나게 된다. 상대후보는 다른 어떤 포지티브한 정책도 효과를 가져 오지 못하는 곤란한 처지에 빠지게 될 것이다.

그런데 앞에서도 말했듯이 확인되지 않은 사안을 온라인이나 SNS를 통해 홍보해 버리면 자칫 상대에 대한 명예훼손이나 허위사실 유포 행위로 사법처리를 당할 수 있기에 조심해야 한다.

돈 안드는 조직을 만들라

1) 이슈조직 : 잘 잡은 이슈는 목표를 가져온다
– 가치와 이슈로 뭉친 조직은 자발성이 살아있다

  돈으로 움직이는 조직은 자율성이 보장되지 않는다. 돈으로 동원된 조직은 일을 시켜야만 움직이는 한계를 가지고 있다. 이에 비해 사건이나 이슈 또는 후보자와의 친분에 의해 구성된 조직은 운동에 있어서 훨씬 더 큰 자발성과 힘을 가진다.

  여기서 이슈조직이라고 하는 것은 지역 내에 현안이나 후보의 가치를 적극적으로 믿고 따르는 자발적인 조직을 일컫는 말이다.

  2000년 처음 만들어진 정치인 팬클럽 '노사모'는 노무현 후보의 '지역감정 타파', '아름다운 도전' 등 '바보 노무현'으로 표현된 그의 가치를 적극 지지한 그룹이다. 이들은 한나라당 조직원에 비해 일당백의 역할을 했다고 평가되고 있다. 노사모의 뜨거운 진정성은 많은 유권자를 감동시켰으며 한국정치에 자발적인 선거참여의 효시가 되었다고 해도 과언이 아니다.

　이처럼 인원수 보다는 조직원이 이슈 캠페인을 얼마나 효과적으로 했는지에 조직의 성패가 달려있다. 물론 정치신인이 팬카페를 만들 정도로 신뢰와 지명도를 갖기 힘들다. 하지만 지역 내 현안 이슈에 적극 참여함으로써 이슈조직을 만들 수 있다. 그리고 이슈조직을 만들고 이끌었던 사람이 지역의 후보로 출마한다면 그 조직원은 곧바로 지지 조직이 될 것이다. 그러나 이슈조직을 만들기 위해서는 몇 가지 조건이 먼저 충족되어야만 한다.

　첫째 대중의 관심사를 정확히 읽어야 한다. 대중의 관심이 없는 사항은 아무리 이슈를 제기해도 유권자의 관심을 끌 수 없다. 예를 들어 학부모들의 관심이 집중되는 교육문제, 공공이 이용하는 도로문제, 교통문제, 공원문제 등 각 지역의 숙원사업을 제기하면 누구나 관심을 가지고 참여하지 않겠는가?

　둘째 지역 내에 갈등을 유발시켜서는 안 된다. 지역 내에 이해관계가 얽혀있는 사안이나 가치판단에 의해 찬반이 나뉘어 있는 이슈는 오히려 화를 자초하는 결과를 초래할 수도 있다.

　예를 들어 어느 지역에 합법적으로 가스충전소가 들어서게 되었는데, 충전소가 위치하는 주위의 주민들은 불안하기도 하고 집값이 떨어지기에 반대운동을 하게 된다. 그러나 멀리 떨어져 있는 지역주민들은 가스충전소가 있어야 편리하게 이용할 수 있기 때문에 찬성한다. 이렇게 이해관계가 상충되는 것을 이슈로 만들어서는 안 된다. 이런 경우 이슈화하기보다는 찬반 양측의 이해를 조정해내는 조정자 역할을 하는 것이 오히려 낫다.

셋째 이슈를 확산할 수 있는 장치를 준비해야 한다. 이슈는 확산되지 않으면 사라져 버린다. 대중의 호응 없이는 조직을 만들 수 없다. 오히려 주동자들의 체면만 구기는 결과를 초래하게 된다. 따라서 이슈를 확산시키기 위한 인터넷 네트워크 구축과 대중에게 쉽게 확산 될 수 있는 신문이나 방송, SNS를 이용할 수 있는 체계를 갖추어야 한다.

넷째 타깃이 되는 층을 분명히 정해 이슈를 제기해야 한다. 만약 지역의 생활문제가 이슈가 되면 주로 주부들이 대상이 된다. 그러나 정치적인 문제는 주로 남성들이 대상이 될 것이다. 2010년 6·2지방선거에서 가장 첨예하게 대립된 정책 중 하나가 바로 '무상급식'이었다. 무상급식 쓰나미는 수도권을 필두로 전국을 휩쓸었다. 반대로 18대 총선에서 서울에 불었던 이슈는 '뉴타운 건설'이었다. 이처럼 큰 이슈에 편승하는 방법도 있지만 지역 이슈에 적극 참여함으로써 쉽게 조직을 구축하는 사례도 있다.

이슈조직을 구축하여 성공한 사례를 보자. 17대 국회의원 선거에서는 '스쿨존제도를 실시하겠다'는 이슈를 제기하여 성공한 사례도 있다. 2003년 5월 노무현 대통령의 지시로 서구형 스쿨존제도가 도입됨에 따라 2007년까지 7000억의 예산을 투입하여 전국에 4000여개의 어린이 보호구역을 정비하겠다는 계획을 경찰청이 발표했다.

모 정치신인은 이러한 내용을 교통사고가 빈번한 지역의 학교에 적용해 '추진위원회'를 구성하고 적극적으로 스쿨존 설치 운동을 전개했다. 그 결과 스쿨존이 다른 지역에 비해 먼저 설치되어 지역 내 학부모단체가 자연스럽게 후보를 지지하는 이슈조직이 되었다.

충청도의 모 지역에서는 '고속철도역 명칭' 문제가 현안으로 제기됐다. 지역 자존심이 걸린 문제로 지역민의 폭발적인 관심과 참여가 있었다. 정치신인인 모 후보는 '대책위원회'에서 주도적으로 활동하면서 인지도와 정치신인으로서 선명성을 확보하는 계기로 삼았다.

이러한 지역 이슈가 있을 때 정치인은 피하기보다는 해결에 앞장서는 모습을 보여주는 것이 중요하다. 비록 해결하지 못하더라도 유권자들에게는 함께하는 정치인으로 인정받을 수 있기 때문이다.

2) 사회단체 조직, 생협 등 조합조직에 가입하라
- '동원 조직'은 옛말, '카·페·트' 민심을 조직하자

지난해 안철수 대선후보가 사퇴 기자회견을 실시한 11월 23일 밤에 민주통합당 문재인 후보는 10여분 뒤에 트위터를 통해 "안 후보님과 안 후보님을 지지하시는 분들께 진심으로 미안합니다"라는 글을 올렸다. 이 트윗은 바로 한 네티즌에 의해 포털사이트로 옮겨졌고, SNS를 통해 순식간에 퍼졌다. TV방송 앵커가 "아직 문 후보의 반응은 나오지 않았습니다"라고 말할 때, 네티즌들은 문 후보 트윗을 놓고 "안철수 지지자를 잡으려는 트윗"이라며 갑론을박하는 중이었다. (중앙선데이 2012년 12월 6일자)

이는 기존 언론보다 소셜네트워크서비스(이하 SNS)가 유권자에게 더 빠른 정보를 제공할 뿐만 아니라 후보의 말과 행동을 듣고 받아들이는데

지난 2010년 지방선거를 앞두고 자유선진당 입당 인사들이 충남 천안시 자유선진당 충남도당에서 세종시 수정을 촉구하고 있다.
사진_ 뉴시스

머물지 않고 후보의 행보를 직접 찾아보고 논리를 파악해 자신들의 생각을 개진하는 새로운 선거 풍속도를 만들었다고 할 수 있다. 즉 온라인 인맥을 구축하는 관계망으로 출발했지만, 이제는 정보와 개인의 감정, 생각 등이 소통되는 '소셜 미디어'로서 기능한다.

 2014년 지방선거는 당내 경선에서 모바일 투표, 완전국민경선 등이 도입될 가능성이 여전히 있다. 카카오톡, 페이스북, 트위터 등 SNS 시대에 걸 맞는 새로운 형태의 조직 구성도 필요한 시점이다.

 세계 최초로 SNS를 결합한 선거운동 전략을 도입한 오바마 후보의 2008년 미국 대선과 SNS로 촉발·확산과정을 거친 아랍 민주화 운동, 그리고 지난 2010년 지방선거에서 트위터를 통한 투표 참여운동 등을 통해 확인할 수 있는 사실은 SNS가 선거운동 및 사회변혁 운동의 무기가 될 수 있다는 것이다.

SNS라는 거대한 그물망을 어떻게 활용할지? 이를 어떻게 조직해낼 지에 대한 고민이 필요하다. 조직을 그저 연줄과 학연, 지연을 통해 금전으로만 움직이는 것이라는 고정관념을 벗어나야 한다. 조직은 이제 다원화 되어 있으며 서로의 생각과 정치적 지향점을 공유하는 것만으로도 하나로 묶어 낼 수 있다.

물론 SNS가 같은 생각을 가진 사람끼리 의견을 더 강화하는 '집단극화' 현상이 생긴다는 단점이 지적되지만, 그래도 선거운동에서의 영향을 무시해서는 안된다.

3) '학부모 단체' 등 생활밀착형단체에서 활동하라

현행 공직선거법 87조는 선거운동을 할 수 없는 단체를 명시하고 있다. 따라서 후보는 법에서 명시하고 있는 선거운동을 할 수 없는 단체를 제외한 단체를 이용해 선거운동을 할 수 있다. 따라서 이러한 단체를 최대한 활용하는 것이 중요하다.

후보가 해당 지역에서 활발하게 활동하는 단체의 지원을 얻는 것은 '천군만마'를 얻는 것으로 비유된다. 선거운동을 할 수 있는 가장 대표적인 단체는 노동조합(선거운동을 할 수 없는 자로 구성된 공무원 노동조합 등은 제외)이다. 또한 각 지역별로 구성되어 있는 각종 이익단체를 들 수 있다. 예를 들면, 대한의사협회, 대한약사회, 대한한의사회, 대한치과의사협회 등 보건의료단체를 비롯해 이용사 및 미용사회, 한국목욕업중앙회, 한국

세탁업중앙회 등 공중위생단체 등이 대표적이다.

뿐만 아니라 범 PC방 생존권 비상대책위원회, 재건축추진위원회 등 각종 대책위원회와 환경단체, 여성단체, 한국노년유권자연맹 등 각종 시민·사회단체, 각 대학교의 학생회 등도 선거운동을 할 수 있는 단체다. 이들 단체가 관심을 가지고 있는 사안에 대해 함께 고민하고 청원운동을 전개하는 등 대안을 찾는 진정성 있는 모습을 보여줄 필요가 있다.

요즘은 지역별로 생활협동조합 등 지역 밀착형 자발적 단체(조직)와 공부방 모임, 학교운영위원회 등 지역별로 구성된 모임이 많이 운영되기 때문에 자기 지역에 이러한 단체가 있는지 여부를 확인하고 자발적으로 참여해 그 모임에 기여하는 것도 방법이 될 수 있다.

사회단체를 활용하여 성공한 사례를 들어보면 19대 총선에서 경기 용인시(갑)에서 당선된 새누리당 이우현 의원이 대표적이다. 그는 서울대 경제학과, 옥스퍼드대 박사 출신이면서 3선에 도전했던 민주통합당 우제창 의원을 저지했다. 방송통신고등학교를 졸업한 만학도가 옥스퍼드 박사를 꺾었다는 평가를 받았다.

당초 '계란으로 바위치기'라는 예측에 이어 선거구 획정 과정에서 민주당 텃밭이었던 용인 기흥의 동백동과 마북동이 용인갑 지역으로 옮겨오면서 선거전부터 나왔던 '패배가 자명하다'는 예측을 뒤집은 것이다.

그는 승리 요인으로 '사람재산'으로 들었다. 그는 용인지역에 결성되어 있는 100여개의 단체에 회원으로 참여하여 연간 회비만 4000만원 넘게 납부하면서 열심히 활동한 결과라고 소개했다.

4

유급사무원은
나의 분신을 만들라
- 천리 길도 한 걸음부터다

　통상적으로 선거조직은 물적 요소인 법정선거운동기구(선거사무소, 선거연락소)와 이에 속한 인적 요소인 구성원을 말한다. 후보자는 선거조직 구성을 사전에 계획해야 한다. 이러한 행위는 입후보와 선거운동을 위한 준비행위로서 선거법상 가능하다.

　예비후보자로 등록하면 선거사무소에 간판·현판·현수막을 설치·게시할 수 있다. 이는 자신이 이번 선거에 출마할 것임을 선거구민에게 대대적으로 알리는 첫 신호탄을 의미한다.

　선거사무소 설치에 있어 우선적으로 고려할 점은 홍보 용이성, 교통 접근성, 그리고 그에 수반되는 비용 등이 있다. 선거사무소는 단기간 임차하는 것이고, 이러한 조건을 모두 충족시킬 수 있는 장소를 짧은 시간에 구하기는 쉽지 않다. 미리 선거사무소로 사용할 곳을 물색하여 임시계약을 해둘 필요가 있다.

　임시계약을 할 때는 간판·현판·현수막 등의 설치·게시에 대한 사항도 반드시 명시해 건물주나 같은 건물에 입주해 있는 업체에게 양해를 구해야 한다. 왜냐하면 선거사무소에는 홍보 효과 제고를 위해 주로 대형 현수막을 게시하게 되는데, 이는 같은 건물에 입주해 있는 다른 업체의 창문을 가리는 등의 민원을 야기할 수 있기 때문이다.

다음으로 조직의 인적요소인 구성원은 선거법에서 규정하고 있는 선거사무장, 선거연락소장, 선거사무원, 활동보조인(후보자가 장애인에 한함)과 회계책임자, 배우자(또는 배우자 대신 후보가 그의 직계존비속 중에서 신고한 1인) 및 자원봉사자를 들 수 있다.

국회의원선거의 경우 예비후보자등록을 마친 후보는 선거운동을 할 수 있는 자 중에서 선거사무장을 포함하여 3인 이내의 선거사무원과 회계책임자 1인을 둘 수 있다. 또한 이후 후보자등록을 마치면 선거사무장은 선거에 관한 사무를 처리하기 위해 선거사무소에 구시군 안의 읍면동 수의 3배수에 5를 더한 수 이내로 선거사무원을 둘 수 있다.

다만 하나의 국회의원 선거구 안에 2이상의 구시군이 있는 경우에는 선거사무소를 두지 아니하는 구시군에는 선거연락소를 둘 수 있고, 관할 읍면동 수의 3배수에 해당하는 선거사무원을 둘 수 있다.

이러한 인적 구성원들도 선거사무소 확보와 마찬가지로 사전에 신중히 확보해야 한다. 정당추천 후보는 당원협의회 산하 동 책임자나, 시·구의원들이 추천하는 사람을 활용할 수 있으나, 그 수로는 부족할 수 있으므로 무소속후보를 포함한 후보들은 평상시 관리해 온 인맥을 활용하여 미리 인력을 확보해 놓아야 한다.

▶ 예비후보자의 선거사무원

시·도지사 선거의 경우 5인 이내의 선거사무원, 시군구청장 선거 예비후보자는 3인 이내의 선거사무원을, 지역구지방의원선거의 예비후보자는 2인 이내의 선거사무원을 둘 수 있다.

▶ 후보자의 선거사무원

시·도지사 후보와 시군구청장 선거 후보는 선거사무소와 선거연락소를 둘 수 있다. 이 경우 선거운동을 할 수 있는 자중에서 선거사무소에 선거사무장 1명, 선거연락소에 선거연락소장 1인을 두어야 한다. 선거사무소와 선거연락소에 둘 수 있는 선거사무원은 다음 표와 같다.

구분	선거사무소	선거연락소
시·도지사선거	당해 시·도안의 구·시·군(하나의 구·시·군이 2 이상 국회의원지역구로 된 경우 국회의원지역구. 이하 이표에서 같음) 10미만인 경우 10인이내	당해 구·시·군안 읍·면·동수 이내
자치구·시·군의 장선거	구·시·군의 읍·면·동수의 3배수에 5를 더한 수 이내(선거연락소를 두지 아니하는 경우 선거연락소에 둘 수 있는 선거사무원 수만큼 선거사무소에 더 둘 수 있음)	선거연락소가 설치된 경우 구·시·군안의 읍·면·동수의 3배수에 5를 더한 수 이내
시·도의회 의원선거 (지역구)	10인 이내	해당 없음.
자치구·시·군의회 의원선거 (지역구)	8인 이내	해당 없음.

선거운동 절반은 배우자가 한다

배우자는 인생항로의 동반자일 뿐만 아니라 선거운동에 있어서도 가장 중요한 동지다. 훌륭한 배우자는 선거운동에서도 절반의 역할을 담당한다. 후보의 약점을 커버할 수도 있고, 후보의 손길이 미치지 못하는 구석구석을 파고들어 실질적인 표밭갈이를 할 수 있는 사람이기 때문이다.

그러나 준비되지 못한 배우자는 오히려 선거에 해가 되는 경우도 있다. 선거가 끝나고 흔히 "○○○ 후보는 마누라 때문에 당선 됐어" "○○○ 후보는 남편이 표를 다 깎아 먹었어"라는 말들이 나오기 마련이다. 그만큼 선거에서 배우자의 중요성을 실감케 하는 대목이다. 개정된 선거법으로 배우자의 역할은 더욱 증대되었다.

첫째, 배우자는 후보 본인 이외에 예비후보자 등록부터 후보의 명함을 배부하면서 지지호소를 할 수 있는 유일한 선거운동원이다.

둘째, 배우자는 본선기간에 어깨띠를 두를 수 있으며, 무리지어 인사를 할 수 있고, 자유롭게 거리유세도 가능하기에 거의 후보 역할에 맞먹는 활동을 할 수 있다.

셋째, 그러나 배우자가 위법행위를 하였을 경우 당선무효에 이르기까지 하므로 조심해야 한다. 현행 선거법에는 배우자가 기부행위나 정치자금 부정수수죄 등의 혐의로 벌금 300만원 또는 징역형(금고형) 이상을 선고 받으면 당선이 무효가 된다.

따라서 선거에 출마하려는 후보는 평소 배우자에게 미리미리 잘하도록 하자. 배우자는 삶의 동반자임과 동시에 후보를 당선시킬 수도 있고, 낙선시킬 수도 있는 가장 중요한 동지이자 운명공동체이기 때문이다.

넷째, 배우자가 없거나 지원활동이 어려운 경우는 개정된 선거법에 따라 배우자가 없는 후보도 직계존비속 중 1인을 지정하여 배우자와 같은 지위의 선거운동을 할 수가 있다.

따라서 배우자가 없거나, 있더라도 성격 · 연령 · 건강 등 직접 선거운동을 하기 어려운 경우 후보는 자신의 선거운동에 가장 유리한 직계존비속 중 1인을 선정하여 사전에 훈련을 시킬 필요가 있다.

1) 배우자 100% 활용하기 체크포인트

① 1단계(예비후보자 등록 전까지)

* 예비후보자 등록 전까지는 통상적이고 의례적인 범위 내에서 교부할 수 있는 명함에 배우자와 함께 찍은 사진(가족사진)을 넣어 나의 배우자가 누구인지, 또 후보 집안의 가족적인 분위기를 사람들에게 사전에

알린다.
* 선거 관련 교육 등에 함께 참여해 선거운동 전반에 대한 이해를 공유한다. 아울러 지역현안이나 공약에 대한 학습, 상대후보와 비교분석을 통한 우리 후보의 선거 전략에 대한 충분한 이해를 바탕으로 후보자와 동일한 메시지를 구사해야 한다.
* 배우자가 여자일 경우 그 특성에 맞는 지역이나 대상지를 정책설문조사 형식으로 방문하는 것이 효과적이다. 예를 들면 여성유권자들이 선거 이야기를 많이 나누는 미용실 등은 배우자가 찾아가는 것이 좋다.

② 2단계(예비후보자 운동기간)
* 예비후보자등록 이후부터 선거일까지 후보자와 똑같은 활동범위가 허용된다. 이 기간에 가장 중요한 것은 배우자의 효율적인 일정관리이다. 후보 외에는 배우자만이 유일하게 명함을 자유롭게 배포하면서 지지호소를 할 수 있는 사람이다. 후보 일정과는 별도로 배우자 일정을 세밀하게 잡아 움직일 경우 그 효과는 두 배 이상이 된다. 특히 인지도가 낮은 정치신인의 경우 후보 일정과 중복되지 않도록 별도로 배우자 일정과 동선을 잘 짠다면 획기적인 인지도 상승이 가능하다.
* 배우자가 말하는 선거공약이나 비전 등이 후보와 다를 경우에는 유권자를 혼란스럽게 할 우려가 있다. 따라서 선거 전략과 이슈 등 선거전반에 대한 공감도를 높여야 한다.
* 블로그 등 인터넷 선거운동에 배우자 일기 등을 올려 가족 이야기와

선거운동의 고충 등 진솔한 감동을 전달한다.

③ 3단계(법정 선거운동 기간)
* 본선에 돌입하게 되면 예비후보자 등록 이후부터 해왔던 명함 배부와 지지호소뿐 아니라 언제든지 유세지원도 가능하다. 후보가 거리유세를 하지 못하는 시간과 공간을 배우자가 잘 커버한다면 일반 연설원을 투입하는 것보다 훨씬 더 효과적이다.
* 배우자 일기 올리기 등 인터넷 선거운동을 잘 관리한다. 선거관심도가 고조되고 부동층이 움직이는 본선기간에는 선거운동의 효과가 증폭된다.

2) 배우자의 선거운동 지침

우리나라 유권자가 일반적으로 선호하는 후보 부인상은 봉사·희생적 부인의 이미지이며, 후보와의 관계에 있어서는 대등하고 상호 존중하는 모습이다. 그러나 20~30대 청년층, 고학력 및 고임금의 유권자는 적극적·전문적인 부인상을 선호하므로 접촉대상에 따라 순발력 있는 이미지 변화가 필요하다.
* 행동, 언어, 옷차림 등 모든 면이 루머의 대상이 될 수 있으므로 가급적 불필요한 말은 삼가되 지역 말씨를 사용하면서 항상 겸손하게 행동해야 한다. 용모는 너무 젊거나 화려하면 대다수 유권자에게 거부

감을 줄 수 있으므로 화장과 옷차림은 수수하게 하고, 액세서리는 최소화하여 검소한 모습을 보여야 한다.

* 여성유권자나 여성단체와 접촉할 기회가 잦으므로 교육문제, 육아문제, 여성문제, 환경문제 분야에 관심을 갖고, 후보의 여성층 공약을 반드시 숙지해야 한다.
* 여성표가 후보의 당락을 좌우할 수 있으므로 관내 새마을부녀회, 녹색어머니회 등 조직구성이 방대한 단체의 행사에 참석하고, 소속 여성들과 접촉·연계 활동해 여성단체 지원 및 홍보활동으로 여성유권자 득표력을 높여야 한다.
* 찜질방, 미용실, 사회복지시설, 에어로빅센터, 노래교실 등 후보가 직접 커버하기 곤란한 곳을 중점적으로 순회해야 한다.

제4장 나를 알리는 홍보전략

1

홍보전략의 첫걸음 :
누구에게 어떻게

1) 선거는 상대평가다 [1]

 선거는 절대평가가 아니라 상대평가다. 단독후보가 되거나 유권자들의 절대적인 지지(여론조사 지지율 60~70% 이상)를 받고 있지 않다면 선거에서 이기기 위한 방법은 하나뿐이다. 상대 보다 많은 표를 얻는 것이다. 혹은 상대가 나보다 표를 적게 받게 만들면 된다. 이런 의미에서 "선거란 누구를 뽑기 위해서가 아니라 누구를 뽑지 않기 위해 투표하는 것이다"(프랭클린 애덤스)라는 명제도 성립한다.

 따라서 선거홍보의 목표도 단순하다. 내가 상대 후보보다 나은 공직자가

---

[1] 정치마케팅에 대한 보다 학문적인 연구는 '매스미디어에 따른 정치마케팅의 효과에 관한 실증적 연구 - 유권자의 후보자 결정요인을 중심으로'(한영상, 2014, 중부대학교 대학원 경영학과 박사학위 논문)를 참조하라

될 것이라는 점을 각인시키거나 상대 후보가 나보다 못하다는 점을 보여주는 것이다. 따라서 "나는 ○○시장(○○의원)으로써 훌륭한 직무수행을 할 수 있는 자질을 갖고 있다"는 식의 홍보 전략은 이상적이긴 하지만 팽팽한 접전이 이뤄지는 선거에서는 효과가 떨어질 가능성이 높다.

대신 홍보방향을 "나는 ○○○ 후보보다 ○○시장(○○의원)이 되는데 좀 더 훌륭한 자질을 갖고 있다" 혹은 "○○○ 후보는 나 보다 ○○시장(○○의원)으로써 직무를 수행하는데 자질이 부족하다" 쪽으로 맞추는 것이 바람직하다. 유권자들이 상대 후보 대신 왜 나를 선택해야 하는지 '비교우위'의 이유를 제시하는 방식이다.

물론 그런 이유를 제공한다고 모든 유권자들이 나를 지지하는 것은 아니다. 유권자 개인과 특정 가치를 공유하는 집단, 지역공동체는 주어진 정보를 이해하고 평가하는 자신들만의 방식을 갖고 있다. 지지정당, 이념성향, 출신지역, 나이, 직업, 재산 등에 따라 판단기준도 다르다. 선거홍보는 유권자들이 정보를 습득하고 이해하는 방식을 활용해 나를 찍게 만들거나 상대를 찍지 않게 만드는 것, 혹은 상대를 찍을만한 유권자를 투표장에 나오지 않게 만드는 것이라고 할 수 있다.

2) 유권자가 듣고 싶은 이야기를 하라

보통 사람들은 홍보를 하라고 하면 '무엇을 홍보할 것이냐'를 먼저 떠올린다. 기업홍보에서는 상품과 기업이미지가 될 것이고, 정부와 공공기관은 정책과 그 정책의 성과를 알리는데 주력할 것이다. 이런 논리를 따라가다 보면 선거홍보에선 당연히 후보자를 홍보하는 것이 중요하다는 결론에 이르기 쉽다.

물론 맞는 말이다. 후보가 표를 얻기 위해서는 반드시 후보를 홍보해야 한다. 하지만 이는 현실에서 항상 맞는 말이 아니다. 발상을 바꾸면 실패 가능성을 줄일 수 있다.

선거홍보의 최종목표는 유권자가 내게 투표하도록 만드는 것이다. 후보자의 인생을 가장 잘 아는 절친이라고 해도 내게 투표하지 않으면 소용없다. 나를 전혀 모르는 유권자라도 내게 투표하도록 만들면 선거홍보로는 성공한 것이다. 혹은 상대 후보에게 투표할 사람들이 투표장으로 나가지 않도록 만드는 것도 훌륭한 홍보전략이다. (물론 중장기적 시각에서 선거와 정치를 생각한다면 다를 수 있다)

따라서 선거홍보에 앞서 유권자가 누구냐, 선거에 대한 그들의 생각은 무엇이고, 투표결정은 어떻게 하느냐, 지지후보가 누구냐, 반드시 투표를 할 만한 사람들인가 등을 습관적으로 먼저 생각해야 한다. 그들을 움직여 내게 투표하도록 만들기 위해, 혹은 상대를 지지하는 유권자들이 투표장에 나오지 않도록 만드는 것이 홍보전략이다. 그 다음 내가 가진 어떤 부분이 홍보전략이 부합하는지, 또 어떤 부분은 숨기는 것이 좋은지를 고민해야 한다.

유권자가 듣고 싶은 이야기를 꺼내라. 듣기 싫어하거나 관심없는 것을 설명해 봐야 비호감으로 돌아서거나 장황하게 들릴 가능성이 높다. 내 앞에 서 있는 사람들이 무슨 이야기를 가장 좋아하는지 재빨리 파악하고, 이를 즉석에서 풀어낼 수 있는 것이 감각이다. 그런 감각이 선천적으로 부족하다면 부지런하게 상황에 따른 여러 이야깃거리를 미리 준비해 주고 숙지해야 한다. 괜히 분위기 푼다고 야한 농담을 하는 무리수를 두지 마라. 분위기 파악이 어렵고 준비가 안됐다면 때로는 입을 다물고 미소만 짓고 있는 것이 좋을 때도 있다.

유권자가 듣고 싶은 이야기를 하라고해서 거짓말을 하라는 것은 아니다. 선거구에서 대형할인점 입점을 두고 소비자와 자영업자들의 논쟁이 벌어졌다고 치자. 대형할인점의 입점을 찬성하는 주부들에게는 찬성이라고 외치고, 반대로 자영업자들에게는 입점 반대라고 상반된 주장을 펼치라는 게 아니다.

후보가 대형할인점 입점에 반대한다면 자영업자들에게는 '반대'라는 분명한 입장을 전달하며 지지를 호소하되 입점 찬성자들에게는 "입점 찬반여부가 지지 후보를 선택하는 결정적 이유는 아니다"라는 점을 설득해야 한다는 것이다. 이런 게 가능하려면 지역구의 특성에 대한 깊이 있는 이해가 필요하다.

3) 일관성과 타이밍을 지켜라

선거홍보에서 또 하나 중요한 원칙은 일관성이다. 선거홍보란 언론뿐만 아니라 선거공보, 명함, 벽보, 유세차, 거리유세, TV토론 등 선거운동 전 영역을 아우른다.

선거전략의 경우와 마찬가지로 일관성 없는 홍보전략은 죽은 전략이다. 특히 유권자들의 눈과 귀에 가장 근접해 있는 영역인 만큼 일관성을 상실하면 후보자를 산만한 사람, 줏대 없는 사람으로 보이게 만들 수 있다.

홍보 담당자는 선거전략 파트와 초기부터 결합해 함께 논의를 진행하면서 선거운동 전체 기간 동안 어떤 컨셉으로 움직일 것인지, 후보 이미지를 어떻게 잡아갈 것인지, 메인 슬로건과 서브 슬로건은 무엇으로 할 것인지 정하는 것이 필요하다. 홍보물과 의상, 벽보, 현수막, 명함 등에 사용할 색깔과 구호를 정하는 것은 다음 단계다. 언론에 소개되는 기사도 마찬가지다.

타이밍도 선거홍보의 가장 중요한 요소다. 전국적인 이슈가 부상했는데 지역사회 개발공약 발표회를 갖는 것은 노력에 비해 효과가 적을 수밖에 없다. 주간신문의 발행일자가 선거일 이후인데 후보를 홍보하는 내용을 해당 주간지에 실어봐야 소용이 없다. 6월에 치러지는 지방선거 공보물에 한겨울 옷을 입고 찍은 사진을 싣는 것은 어색하기 짝이 없다.

4) 지역구 유권자부터 파악하라

다음 쪽 박스기사를 보자. 2011년 임태희 전 의원이 청와대 비서실장으로 자리를 옮기며 공석이 된 분당을 지역구 국회의원 재선거와 관련, 분당을 유권자가 누구인지를 분석한 것으로 학력과 종교, 세대 등이 눈에 띌 것이다. 이들을 대상으로 어떤 홍보전략을 펼 것인가.

수도권 전반에 걸쳐 '반MB 정서'가 강했던 당시 상황에서 민주당 후보로 출마한 손학규 후보는 정권심판론을 내세웠다. 반면 한나라당(현 새누리당) 후보로 나섰던 강재섭씨는 '분당토박이론'으로 맞섰다. 결과는 모두가 알다시피 손학규 후보의 승리, 강재섭 후보의 '패배'였다.

한나라당 텃밭에서 강 후보가 패배한 것은 반MB정서 때문이기도 하지만 메시지 탓도 크다. 고학력에 외지출신이 많은 분당을에서 출마하면서 1992년부터 2008년까지(전국구 제외) 대구 서구에서 국회의원을 역임한 강 후보가 '분당토박이'라고 자임했던 게 문제였다. 토박이에 대한 애정이 없는 신도시 주민들에게 논리적으로 모순된 '분당토박이' 메시지를 제시해 오히려 거부감을 키운 결과로 이어졌다.

반면 승리한 손학규 후보는 경기고-서울대-옥스포드대 유학-대학교수 경력이 중산층 이상의 고학력 유권자들에게 자신들이 도달하고 싶었던 '로망'을 자극한 것으로 평가받았다.

〈내일신문 2011년 4월 20일자〉

분당을 유권자는 누구

석사이상 2만 … 개신교 신도 5만
야당 성향은 정자2동 강해 … 무주택자도 40% 육박

경기도 성남시 분당구에 거주하는 주민들은 전국에서 가장 학력수준이 높은 것으로 유명하다. 2005년 인구센서스 조사에 따르면 대졸(4년제) 이상 고학력 인구 비율이 가장 높은 지역은 서울 서초구로 43.0%에 달했고 분당구 42.8%로 뒤를 이었다.

특히 분당구 중에서도 분당을 선거구는 대졸자 이상이 전체의 52%를 넘는다. 대학원 석사과정 졸업·수료자만 2만명 수준이다. 분당구 소재 모 교회는 박사이상 신도만 300명이 넘는다는 이야기가 나오는 배경이다.

종교로는 개신교가 가장 많다. 전체 인구의 26% 가량을 차지한다. 인구로만 5만6000명 수준. 천주교는 전체의 19%, 불교는 14% 정도다. 개신교 신자인 손학규 민주당 후보는 물론 강재섭 한나라당 후보가 지역구 교회의 새벽기도에 참석하는 이유다.

분당을 이야기할 때 아파트를 빼놓을 수 없다. 전체 가구 중에서 아파트 거주자는 80%가 넘는다. 이 중 자가거주 비율은 51%이며 다주택보유 가구는 8.8%에 달한다. 전세와 월세에 거주하는 가구도 47.6%나 되지만 이들 중에서 16% 정도는 다른 곳에 주택을 가진 유주택 세입자다. 분당을 거주가구 중 39.9%가 순수한 무주택자다.

분당을에서 29평 이상의 주택에 거주하는 비율은 38.4% 정도다. 나머지는 특히 정자2동의 경우 63%가 14평 미만의 주택에서 거주하고 있는 것으로 집계됐다. 29평 이상은 14%에 불과했다. 정자2동 주택 대부분(98%)는 1994년 이전에 건축된 노후 주택이다.

한나라당 지지성향이 매우 강한 분당을에서 상대적으로 야당 지지비율이 높은 곳은 정자2동이다. 2004년 총선의 경우 민주당+열린우리당 득표율은 44%로 한나라당(39%)를 넘어섰다. 분당을 전체에서 유일했다. 2008년 총선에서도 민주당에 가장 높은지지(24%)를 보냈고 반대로 한나라당 지지는 42%로 가장 낮았다. 지난 지방선거에서도 구미1동 다음으로 한나라당과 민주당 사이의 격차가 적었다.

2010년 말을 기준으로 분당을 유권자는 16만여명으로 30~40대가 전체의 절반을 자치했고, 20대까지 합치면 전체 유권자의 70%에 육박했다. 반면 60대 이상은 16.1%였다.

허신열 기자 syheo@naeil.com

5) 인구주택총조사는 양질의 빅데이터

유권자를 포함한 지역 정보는 우선 통계청이 5년 단위로 실시하는 인구주택총조사(www.census.go.kr)를 활용하면 기본적인 내용을 파악할 수 있다. 인구주택총조사는 주민등록정보만으로는 알 수 없는 내외국인 실거주 상황과 주택거주 여부에 대한 세부적인 내용까지 알 수 있는 대표적인 '빅데이터'다.

또 하나는 각 시도와 시군구가 별도로 작성하는 통계들이다. 주민등록통계에서부터 음식업 등록·명의변경·폐업, 지역사회건강조사 등을 활용하면 유권자 집단의 특징을 과학적으로 파악할 수 있다.

특히 일부 시군구가 2년 단위로 만들어 배포하는 사회조사보고서는 활용가치가 아주 높다. 예를 들어 '2013년 삼척시 사회조사 보고서'에는 △거주지 만족도 △이사계획 및 이유 △취학 전 자녀 유무 및 보육 △교육환경 만족도 △월평균 교육비 지출 △시내버스·택시 만족도 및 불만족 사유 △부채 유무 및 이유 △이용하는 시장(상점)의 종류 및 전통시장 이용빈도 등 10개 부문 81개 항목의 통계가 담겨 있다. 부록으로 인구주택총조사도 제공된다. 정책개발은 물론 유권자의 특성을 파악하는데 필요한 기본적인 통계 대부분을 얻을 수 있을 정도다.

여기에 선거캠프에서 실시하는 여론조사에 유권자 정보를 파악하기 위한 내용을 포함해 결과를 활용하면 된다. 선거를 돕는 조직을 활용해 유권자 데이터베이스를 만드는 것도 방법이다. 이름과 전화, 학력과 종교, 직업과 자녀 등의 기본 정보만 모아도 훌륭한 자료가 된다.

유권자 통계와 관련해서는 손학규 전 대표의 보좌관을 역임하고 '저녁이 있는 삶' 슬로건을 입안했던 손낙구 전 보좌관이 쓴 '대한민국 정치사회 지도'(후마니타스, 2010년)는 좋은 표본이다. 주택소유 여부가 투표에 미치는 영향을 서울과 경기 마을단위까지 분석해 학계에서도 호평을 받은 바 있다.

2
선거홍보를 위한 사전준비

1) 홍보 담당자를 정하라

출마하겠다는 결심을 했다면 맨 처음 해야 할 일 중의 하나는 선거운동을 담당해줄 전략·기획 책임자와 홍보 책임자를 정하는 것이다. 기초의원 선거라면 후보자 본인이 모든 업무를 수행하는 경우가 있겠지만 광역의원 이상의 선거구라면 별도의 홍보 책임자를 두는 편이 좋다.

여유가 있다면 메시지 담당과 언론 담당, 각종 선거홍보물을 담당하는 홍보 담당 등으로 세분화하면 좋다. 언론 인터뷰 요청 등은 공보비서를 별도로 선임해 일정을 조율하면 된다.

홍보 전문가라고 하면 흔히 기자출신을 떠올리겠지만 꼭 그런 것도 아니다. 기자들을 많이 알고 기자들의 생리를 꿰뚫고 있다 하더라도 기자인 것과 기자들을 상대하는 '을'의 입장은 전혀 다르다. 기자 출신을 채용했는데 현역 기자들을 여전히 자신의 '후배'로 대하고, 지시하거나 핀잔을 주는듯 한 발언을 한다면 오히려 역효과가 날 수 있다. 기자출신이라면 더더욱 지역구 기자들의 평판을 들어본 뒤 선발해야 한다.

홍보 담당자는 단순히 보도자료나 쓰고, 기자만 만나는 역할에 그쳐선 곤란하다. 전략과 홍보는 수레의 양쪽 바퀴 같은 존재다. 함께 전략을 수립하고 이를 현실에 어떻게 펼쳐 보일지 고민해야 한다. 홍보 파트에서 유권자 분석이 필요한 것도 마찬가지 이유다.

홍보 담당자의 또 다른 역할 중 하나는 외부의 평가를 내부로 전하는 일이다. 기자들과 만나면 자기 이야기를 많이 하기 보다는 후보에 대한 지역사회 오피니언 리더 그룹의 평가 등을 듣고 보고서를 작성해야 한다.

2) 잘 선정한 홍보기획사가 선거를 좌우한다

홍보 담당자뿐만 아니라 홍보 기획사를 선정하는 것도 중요하다. 보통 선거컨설팅은 전체를 계약하는 경우도 있지만 전략, 홍보 등을 나누기도 한다. 홍보는 선거캠프에서 발행하는 모든 홍보물, 현수막 등을 담당하게 되며 때로는 로고송, 유세차량까지 맡는 경우도 있다. 지역마다 차이가 있긴 하지만 '공정가'가 형성되어 있으므로 이를 미리 알아보는 것이 현명하다.

전국적인 선거경험이 있는 대형 홍보기획사를 선택한다고 반드시 유리한 것은 아니다. 홍보기술에선 솜씨가 좋을지 몰라도 후보자 개인과 지역사정, 유권자 성향에 어두울 수 있다. 화려한 기술이 선거승리를 이끄는 것은 아니라는 점을 기억하라. 때로는 소박해 보이는 모습이 유권자들에게 어필하기도 한다.

지역 홍보기획사도 장단점이 분명하다. 지역사정에 밝을지는 모르지만 아무래도 기술적인 완성도가 떨어질 수 있다. 특히 선거홍보 경험이 부족하면 의도치 않게 선거법을 위반할 수 있으므로 주의해야 한다. 지역사회에서 오랫동안 홍보기획사를 운영했다면 지역인사들과의 두터운 인맥이 형성되어 있을 것이므로 이 부분도 반드시 체크해야 한다.

선거의 다른 영역도 마찬가지겠지만 홍보기획사와 계약했다고 해서 홍보기획사가 모든 책임을 지는 것은 아니다. 후보자의 장단점, 공약, 지역사정, 선거운동 상황을 가장 잘 아는 것은 역시 선거캠프의 담당자. 따라서 홍보의 주요 포인트와 슬로건, '야마'는 결국 캠프의 홍보담당자가 제시할 수밖에 없다.

홍보기획사가 터무니없는 가격을 요구하는 것에는 주의해야 한다. 견적을 제출한 여러 기획사의 가격이 모두 비슷하다고 해도 이게 정상가격인지는 다시 따져볼 필요가 있다. 주변에 선거경험자가 있다면 이들과 상의해 보면 좋다.

3) 자신만의 스토리텔링을 준비하라

선거에서 유권자의 감성을 파고는 후보자의 스토리는 점점 중요해지고 있다. 2002년 대선에서 노무현 전 대통령이 기타를 치며 서투른 목소리로

'상록수'를 불렀던 모습이 대표적이다. 한줄기 눈물 속에서 한국 현대사의 고난과 정면으로 맞서던 노 전 대통령의 모습이 비춰졌기 때문에 울림은 더욱 클 수 있었다.

출마를 결심한 후보자에게 개인사는 좋은 선거운동 자산이다. 초등학교 시절 겪었던 경험, 특정 장소에 대한 추억, 지역사회에 대한 봉사, 지역역사와 가족사의 관계 등은 모두 스토리텔링의 소재가 된다. 이야기는 선거홍보물의 소재가 될 수도, 구전의 재료가 될 수도 있다. 때로는 보도자료를 통해 공개될 수도 있다. 수많은 화제를 뿌렸던 2012년 문재인 민주당 대선후보의 군복무 사진 같은 '과거자료'도 중요하다.

후보자의 과거사는 선거캠프 사람들이 알 수 없다. 가족들조차 모르는 경우도 있다. 이래서는 선거에 사용할 수 없다. 홍보 담당자가 선정되면 후보자는 그와 함께 간략한 자서전을 만드는 것이 좋다. 공식경력을 소개하는 이력서와는 달리 후보자의 구술을 바탕으로 생생한 이야기를 기록해 두는 것이다. 얼마나 상세하냐에 따라 다르지만 A4지를 기준으로 10장 안팎 정도면 적당하다. 여기에 과거 활동이 담긴 사진과 상장, 생활기록부 등이 첨부되면 좋다.

이런 기록은 홍보 담당자가 정리해 뒀다 필요한 경우 꺼내 쓰면 된다. 특히 후보자 홍보물을 만들 때나, 언론 인터뷰를 진행할 때 사용하면 효과적이다. 구전용으로 사용할 수 있는 내용은 별도로 정리해 선거운동원을 통해 확산시키면 된다.

4) 쉽고 간결하고 감성적인 메시지를 만들라

　홍보전략의 핵심은 투표에 대한 설득이다. 나에게 투표해 달라고 설득하는 첫 걸음은 유권자에게 내가 하는 말을 정확하게 전달하는 일이다. 너무 어렵게 말하거나 장황하게 내 주장을 늘어놓으면 설득은커녕 반감만 키울 가능성이 크다. 유권자들이 쉽게 알아듣도록 어려운 표현은 가급적 삼가고 요지를 간단하게 전달할 수 있어야 한다.

　대부분 신문사들이 기자들을 훈련할 때 '중학생'이 이해할 수 있는 기사를 써야 한다고 강조하는 것과 비슷하다. 선거에선 고졸의 20대 중반을 기준으로 하면 적당하다.

　'발언'은 미리 준비해야 한다. 상대가 유권자든 기자든 관계없이 자신이 무엇을 이야기할 것인지 미리 정리되지 않았다면 우왕좌왕 하는 것 보다 차라리 말하지 않는 편이 낫다.

　미리 메모를 통해 핵심메시지를 한 문장을 정리하고, 반복적으로 소리내 읽으며 입에 붙도록 만들어야 한다. 상대의 머리에 생생한 기억으로 남게 만든다면 표심의 반은 잡은 것이다. 책 읽는 식으로는 접근해서는 진정성을 담을 수 없다.

　선거홍보에 힘이 실리기 위해선 타이밍도 중요하다. 정국을 뒤흔드는 사안이 벌어졌는데 자신의 핵심정책을 발표해 봐야 관심을 끌 수 없다. 당신이 선거를 치르는 와중에 2010년 천안함과 같은 사건이 발생했다고 가정해 보라. 아무리 중요하다고 생각하는 정책을 발표하더라도 묻힐 것이다. 유권자들의 관심이 다른 곳에 쏠려있기 때문이다. 언론의 지면을 배정 받는 것조차 힘들다.

이럴 때는 현재의 정국에 대한 입장을 발표하는 편이 훨씬 효과적이다. 유권자들이 필요로 할 때 필요한 메시지를 내놓는 것이 중요하다. 유권자들이 듣고 싶어하는 이야기를 하라는 뜻이다.

금요일 기자회견은 가급적 삼가라. 토요일 신문은 평일에 비해 비중이 떨어진다. 주5일제 근무가 정착되면서 대부분 사무실이 토요일에 쉬기 때문이다. 토요일 사무실로 배달되는 신문은 소용이 없다. 방송도 금요일 저녁부터는 생활뉴스로 무게중심을 옮긴다.

따라서 각 정당이나 기업, 공공기관 등은 금요일 오후부터 토요일 사이에 중요한 메시지를 내놓지 않는다. 타이밍이 맞지 않기 때문이다. 반면 내게 불리한 이야기를 어쩔수 없이 해야 한다면 유권자들의 관심이 떨어지는 금요일 오후를 이용하면 좋다.

선거 국면을 주도할 수 있다고 자신 있게 생각하는 메시지나 이슈가 있다면 발표는 일요일 오후로 잡는 것이 바람직하다. 신문과 방송이 월요일자 기사를 위해 고민에 빠지는 시간인 만큼 비중 있게 다뤄질 가능성이 있다. 월요일 아침 신문은 주목도도 높다. 대신 기자회견은 기자들이 있는 곳으로 찾아가서 여는 것이 좋다.

유력언론이 주간지인 선거구의 경우에는 주간지 마감일자와 시간, 인쇄와 배포시간을 파악하는 것이 필요하다. 마감을 맞추지 못하거나 신문이 배포되는 시간에 이미 '구문'이 되어버린 뉴스는 아무 소용이 없다.

언론은 유권자와 만나는 창

1) 선거단위 따라 언론 비중도 달라진다

후보가 지역구의 모든 유권자들을 만날 수 있으면 좋지만 현실적으로 그렇지 않다. 도심지역의 경우 후보가 노력만 한다면 유동인구가 많은 지역을 중심으로 하루 1000~2000명가량의 유권자와 '악수' 할 수 있다. 하지만 악수하고 명함을 주고받는데 걸리는 시간은 불과 3~5초 안팎이다. 잘 부탁드린다는 말에 이어 한두 마디만 더 하면 소요시간은 기하급수적으로 늘어난다.

현실적으로 후보가 유권자를 가장 많이 만나는 창은 미디어다. 미디어를 통해 나를 보여주고, 유권자들을 설득하며, 그들의 이야기(여론)을 듣게 된다. 후보와 유권자가 만나는 커뮤니케이션의 장이 미디어가 되는 셈이다.

신문과 방송은 전통적 의미의 대표적인 미디어다.(인터넷과 소셜네트워크서비스 등은 뒤에서 다루겠다) 이중에서도 지역구선거에서 비중이 높은 것은 역시 지역 언론이라고 할 수 있다. 발행부수와 시청률은 중앙언론사가 높지만 선거상황을 보도할 수 있는 지면과 방송시간은 지역 언론사들이 많다.

광역단체장과 기초단체장의 경우 대구, 부산, 대전 등 거점도시에 본사를 둔 지역민방과 지역 일간지의 영향이 높겠지만 마찬가지 의미에서 광역·기초의원에 배정할 지면과 방송시간은 상대적으로 적다. 광역의원, 기초의원 선거는 시군구를 기반으로 한 지역주간지와 종합유선방송사(SO)가 상대적으로 부각될 수 있다.

그렇다고 상대적으로 규모가 큰 언론사가 덜 중요한 것은 아니다. 해당지역에 주재하는 기자들이 해당 지역의 '오피니언 리더' 그룹에 영향을 미치고 있기 때문이다. 후보에 대한 이들의 평가가 '구전(口傳)'을 통해 힘을 발휘할 수 있다.

기초자치단체장과 광역·기초의원 등 시군구 단위의 선거에 출마할 경우 해당 지역에서 발행되는 지역 주간지뿐만 아니라 중앙언론사, 지역 일간지 등의 발행부수 등을 꼼꼼히 체크해 두면 좋다(도표를 참조하라).

관공서가 주요 독자층인지, 아파트단지를 중심을 배포되는지 등의 정보를 통해 독자성향을 파악하는 것도 필요하다. 주부와 관련된 정책을 홍보할 때 공무원 보다는 주부가 많이 보는 언론에 실리는 것이 더 효과적이다.

이같은 정보는 시군구 공보과 관계자는 물론 일선에서 신문을 배포하는 신문사 지국에서도 알 수 있다. 인맥을 통해 솔직히 말해 줄 수 있는 사람을 찾는 것이 중요하다.

2011년 지역일간지 인증부수

(유료부수 순)

매체명	발행부수	유료부수	매체명	발행부수	유료부수
부산일보	177,481	123,524	대구신문	20,638	5,690
매일신문	150,450	101,040	울산신문	13,600	5,423
국제신문	97,284	58,953	충청일보	10,169	5,397
영남일보	71,157	45,033	경남매일	12,127	5,298
강원일보	75,420	44,424	경기신문	10,106	5,295
경인일보	50,129	36,574	충청매일	9,441	5,070
경남신문	42,129	33,665	전라일보	11,708	4,995
강원도민일보	43,319	32,259	남도일보	10,641	4,887
광주일보	46,900	28,080	충청타임즈	10,449	4,404
대전일보	39,650	27,342	시민일보	11,449	4,155
전남일보	29,379	22,571	새전북신문	11,029	4,150
충청투데이	29,500	20,158	충청신문	7,863	3,627
전북일보	26,030	17,108	충북일보	6,521	3,580
경기일보	30,560	16,731	전북중앙신문	9,150	2,371
중도일보	22,600	13,974	경인종합일보	5,989	2,358
한라일보	21,776	13,343	중앙매일	5,100	2,311
전북도민일보	16,694	13,060	전북매일신문	5,200	2,219
제주일보	23,370	12,572	충남일보	5,801	2,164
경상일보	20,364	12,541	울산제일일보	6,881	2,123
인천일보	23,836	12,416	현대일보	5,300	1,968
경남도민일보	15,566	10,631	경상매일신문	4,667	1,958
제민일보	16,804	9,581	대경일보	5,903	1,643
경남일보	19,551	9,506	전민일보	5,671	1,611
경북매일	18,036	9,384	우리일보	5,500	1,603
광주매일신문	15,798	9,293	전북연합신문	4,289	1,133
광남일보	23,322	9,153	창원일보	6,825	1,507
울산매일	13,897	8,999	새만금일보	3,998	1,480
기호일보	12,655	7,387	조간호남일보	3,984	1,342
동양일보	12,562	7,169	전주일보	3,500	1,168
중부일보	10,593	6,737	경기매일	4,508	1,151
금강일보	14,782	6,699	경안일보	7,200	997
대구일보	17,779	6,546	경남도민신문	5,947	676
경북도민일보	12,073	6,124	울산광역매일	2,500	668
중부매일	12,850	5,875	광주드림	8,708	-

⟨2011 언론산업 요약⟩
* 한국언론연감 2012, 한국언론진흥재단

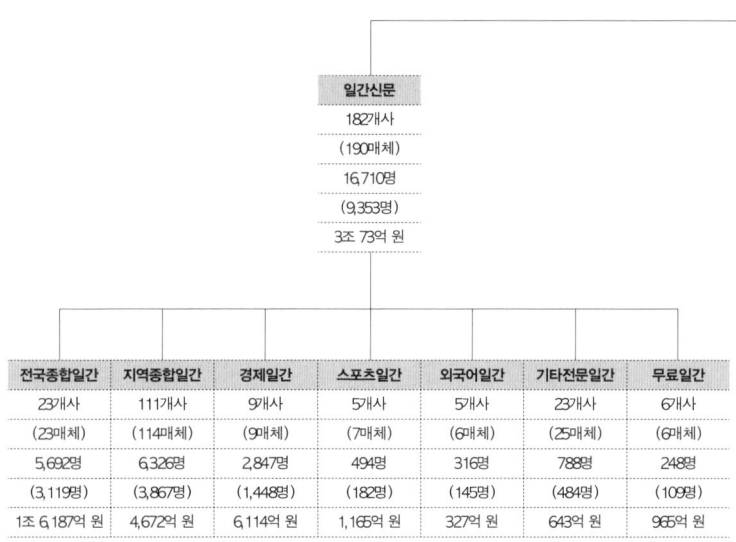

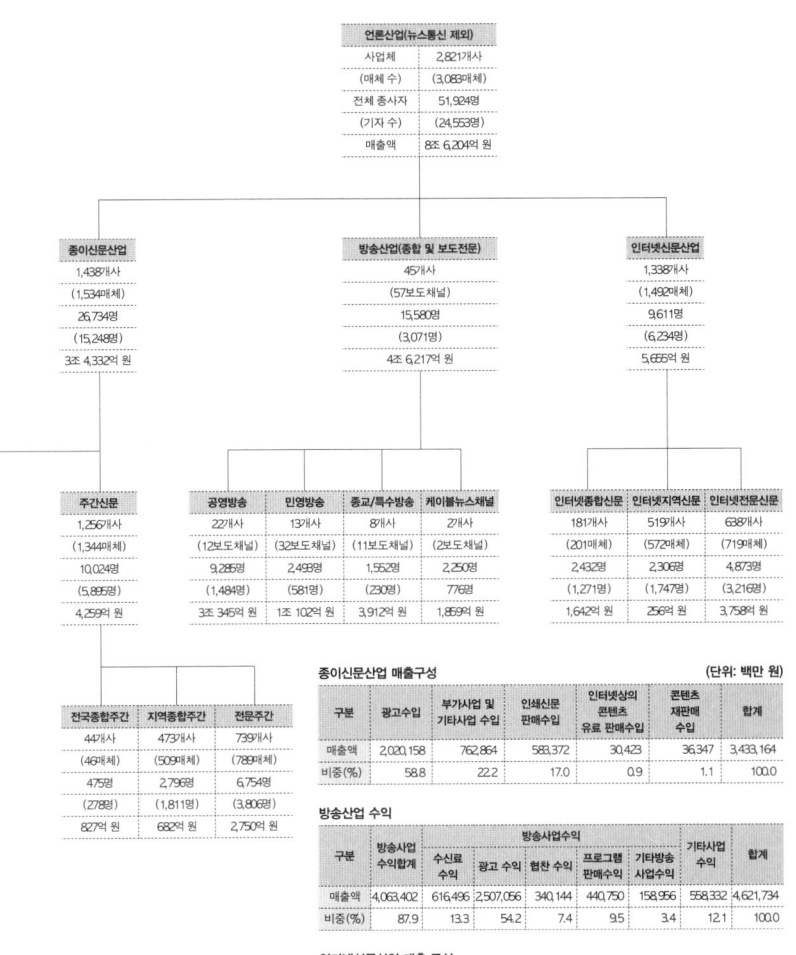

4장 나를 알리는 홍보전략 219

2) 선거기사 이해하기

언론을 통해 선거홍보를 하기 위해선 언론사와 기자들이 어떤 고민을 하는지를 먼저 알 필요가 있다. 후보간 TV 토론 다음날 기사는 토론에서 등장한 쟁점을 중심으로 기사가 작성되는 것이 보통인데, 이날 후보가 전통시장을 방문했다는 보도자료를 내봐야 아무런 소용이 없다.

우선 선거기사는 선거전과 투표, 개표기사 등 시기별로 나눌 수 있다. 선거홍보에서 중요한 쟁점기사, 선거상황 기사, 선거전략 기사 등 선거전 기사를 중심으로 살펴보자.

(1) 쟁점기사

쟁점기사는 말 그대로 선거기간 동안 쟁점이 되고 있는 내용을 보도하는 것이다. 쟁점은 정책이 될 수도 있고, 후보자의 도덕성 검증이 될 수도 있다. TV토론이나 선관위 주관 토론회 기사도 일종의 쟁점기사다.

쟁점기사를 쓰기 위해 기자들은 각 후보 혹은 선거캠프에 쟁점에 대한 입장을 물어올 것이다. 전화로 한두 문장으로 요약된 입장을 요구할 수도 있고, 200자 원고지 3~5매 정도의 쟁점 인터뷰를 상대 후보와 함께 실을 수도 있다. 상대후보에 비해 돋보이는 입장이 중요하므로 갑작스럽게 전화인터뷰를 한다고 해도 일목요연하게 답변할 수 있도록 후보입장을 미리 준비해두는 것이 좋다.

특히 쟁점에 대해선 기사에 인용하기 좋도록 한 문장으로 압축된 입장을 먼저 제시한 뒤 이에 대한 설명을 하는 것이 좋다. 어떤 쟁점이라도 명확하게 답변할 준비가 되어있다면 '준비된 후보'라는 이미지를 덤을 얻을 수 있다. 신문의 경우 100자 안쪽, 방송의 경우 9초 이내가 인용하기에 가장 좋은 분량이다.

(2) 선거상황 기사

선거상황 혹은 선거양상 기사는 선거가 어떻게 진행되고 있는지를 독자들에게 전달하기 위한 기사다. '흑색선전 기승', '폭로전 양상', '양당 총력전' 같은 제목으로 나오는 기사다. 기자들이 선관위, 경찰, 정당, 후보캠프 등을 취재해 얻은 정도가 기사의 대부분을 차지하게 된다.

선거과정에서 기자들에게 선거상황에 대한 '정보'를 지속적으로 제공해 왔다면 선거상황 기사를 써야 할 때 조언을 구할 가능성이 높다. 그러면 상대적으로 내게 유리한 상황을 부각시키고 불리한 상황을 언급하는 기사 내용은 줄일 수 있을 것이다.

(3) 선거전략 기사

선거전략에 대한 기사는 선거판세에 따른 선거운동의 흐름을 짚어주는 내용이 주를 이룬다. '도시지역 보다는 농촌지역에서 밀리는 후보가 열세지역에서 점수를 만회하기 위해 선거운동 막판 총력전을 펼친다' 같은 내용이 담긴 기사다.

마찬가지로 기자들에게 선거상황에 대한 믿을만한 정보를 지속적으로 제공해 왔다면 기사 내용이 불리하지 않도록 비중을 조절할 수 있을 것이다.

(4) 여론조사 기사

선거에서 여론조사가 일반화되면서 선거 상황기사와는 별개로 여론조사 기사를 분류하기도 한다. 여론조사 기사는 통상 여론조사 전문기관의 조사 결과를 바탕으로 작성된다. 승패를 기준으로 '누가 더 빨리 결승점에 도달하느냐' 같은 형식으로 보도한다고 해서 '경마식 보도'라고도 하지만 최근에서는 선거지형을 분석하는 기사들도 많이 생산되고 있다.

여론조사 기사를 볼 때 주의할 점은 해당 여론조사가 객관성을 갖고 있는지 여부다. 언론사 이름을 달고 여론조사를 진행했다고 하더라도 질문지 등을 교묘하게 비틀어 조사결과를 왜곡하는 경우가 있으므로 잘 살펴야 한다.

또한 여론조사는 선거법상 선거일 6일 전부터는 공표할 수 없다. 다만 이 기간 중이라도 6일 이전에 공표된 여론조사 결과를 인용하거나 6일 이전에 조사한 내용을 기간을 명시해 보도하는 것은 가능하다. 통상 조사일 다음 날, 혹은 이틀 후에 보도가 이뤄지는 만큼 선거일 4~5일 전까지는 여론조사 기사가 나온다고 보는 것이 좋다.

3) 낯설기만 한 언론용어

이제는 많이 줄어들긴 했지만 1990년대까지만 해도 한글날 전후에 언론이 가장 많이 다루는 기사는 '전문용어의 일제잔재'였다. 그러나 일제잔재가 많기로는 언론도 예외는 아니다. 사용빈도가 낮아졌지만 여전히 많이 쓰이는 일본식 언론용어를 알아보자. 기자들과 대화할 때 '언론을 아는 사람'으로 대접받을 수 있다. 너무 남용하면 좋지 않다는 점은 불문가지다. 최근에는 영어 사용도 늘어났다.

① 마와리

'돈다'는 의미의 일본어다. 주로 사회부에서 많이 쓰이는데 정치부에서도 이 후보, 저 후보의 사무실을 돌 때도 '마와리 돈다'고 말할 수 있다. 경찰서를 도는 사회부 사건팀 기자는 사스마와리(察廻)라고 한다.

② 야마

원래는 '산(山)'에 해당하는 일본어인데 기사의 주제, 핵심을 지칭할 때 사용한다. '야마가 뭐야'라는 말은 '니가 말하고자 하는 핵심이 뭐냐'는 말이다. 보도자료를 배포했을 때 기자들로부터 "야마가 뭐예요?"라는 질문을 받았다면 핵심 주제를 제대로 정리하지 못했다는 이야기다.

③ 얘기된다

'기사거리가 될만하다'는 뜻이다. 배관을 타고 올라가 절도를 하는 전문 털이범들은 비오는 날을 선호하는데, 이유가 모두 우산을 쓰고 있어서 하늘을 쳐다보지 않기 때문이라고 한다면 평범한 전문털이범 기사보다 훨씬 재미있지 않을까. 이때 얘기된다고 할 수 있다.

④ 도꾸다니 · 도꾸누끼

도꾸다니는 단독보도, 즉 특종을 뜻하며 도꾸누끼는 특종을 놓쳤다는 뜻의 낙종을 의미한다. 기자들이 가장 싫어하는 것이 낙종이다. 기자 대부분은 특종은 하지 못해도 낙종은 말아야 한다는 생각이 강하다. 따라서 어느 기자와 특별히 친하다고 그에게 특종거리를 줬다는 사실이 낙종한 기자들에게 알려지면 좋지 않다.

⑤ 반까이

'만회'라는 뜻으로 낙종한 기자들이 이를 만회하기 위해 하는 행동이다. 어느 경찰서에서 다른 기자가 특종을 했다면 그 경찰서에서 이와 비슷한 수준의 또다른 특종을 보도해 만회하려고 '뻗치기'를 하는 것이 이에 해당한다.

⑥ 뻗치기

경찰서 혹은 출입처에서 먹고자며 24시간 취재를 진행하는 '하리꼬미'와는 조금 다른 뉴앙스로 취재원의 집 앞이나 직장 앞에서 취재가 될 때까지 기다리는 행위를 의미한다. 윤창중 전 청와대 대변인의 집앞에서 기자들이 일주일 넘게 기다린 것이 바로 '뻗치기'다.

⑦ 미다시 · 하시라

미다시는 기사의 제목, 하시라는 면의 표제를 의미한다. "미다시는 누가 뽑았어?" 같은 용례로 사용된다.

⑧ 우라까이

'베끼기'라는 뜻이다. 다른 기사를 보고 그대로 자신의 기사를 쓴다는 것으로 "연합뉴스 우라까이한 기사 아니야?" 하는 식으로 사용할 수 있다.

⑨ 풀(pool)

한두사람의 기자들이 취재한 내용을 기자단 전체가 공유한다는 의미다. 정상회담 등 기자가 너무 많이 몰리는 경우, 장례식 등 최소한의 기자만 취재할 수 밖에 없는 경우 대표기자가 이를 취재하고 내용을 다른 기자들에게 제공하는 형식이다. 이 경우 대표 기자는 취재내용 중에서 혼자만 아는 내용을 자신의 기사에만 담아서는 안된다는 약속을 지켜야 한다.

⑩ 오프더레코드

보도금지를 뜻한다. 기자간담회 등에서 민감한 내용을 말할 때 '오프더레코드'라고 말하면 보도를 하지 않는 것이다. 하지만 이 경우에도 취재원과의 신뢰보다 보도의 공익적 가치가 더 크다고 판단하면 기사화되는 경우가 있으므로 주의해야 한다. 그리고 오프더레코드는 반드시 이야기하기 전에 확약을 받아야 한다. 민감한 이야기를 다 해놓고 나중에 오프더레코드 하더라도 이를 기자들이 받아들이지 않겠다고 하면 그만이다.

⑪ 백 그라운드 브리핑, 딥 백 그라운드 브리핑

실명을 밝히지 않고 관련 상황을 설명할 때 쓰는 용어다. 백그라운드브리핑은 상황을 설명하되 발언 내용을 '관계자'로 달고 인용을 해도 되는 때 사용한다. 딥백그라운드브리핑은 발언의 출처, 관계자 등을 인용하지 않고 기사 내용에 설명한 정보를 녹여서 쓰는 수준만 가능하다. 역시 발언을 시작하기 전에 기자들의 확약을 받을 필요가 있다.

⑫ 엠바고

과다한 취재경쟁이나 보도로 인해 국익이나 사회적 안정 등에 손실이 발생할 경우를 막기 위해 보도시점을 일정시점 이후로 제한하는 것이다. 보통 '엠바고를 건다'고 한다. 다만 기자들이 엠바고를 받아들이기 위해서는 관련 정보를 어느 정도 공개할 필요가 있다. 중대사안이 아니라면 대부분 받아들여지는데, 보도자료에 '00일 00시 이후부터 보도해 주시기 바랍니다' 같은 형태로 표시해 협조를 구하기도 한다.

⑬ 이밖의 은어들

'당꼬'는 기자들 사이의 담합을 의미한다. 기자회견을 했는데도 쓰지 않기로 기자들이 당꼬할 수 있다. 물론 기자단의 관계가 끈끈할 때 가능하다. '빠터'는 기자와 기자, 기자와 취재원의 정보거래를 뜻하며, '빨대'는 출입기관의 핵심정보를 제공해 주는 깊숙한 취재원을 말한다. '쪼찡'은 남의 장점만을 과장되게 부각시키는 행위, '빨아준다'는 장점을 과장된 기사로 보도한다는 뜻이다.

4
기자들과 만나 친해지기

1)시군구청 출입기자가 중요하다

　후보자가 언론에 실리기 위해서는 필수적으로 기자들과 접촉해야 한다. 수많은 선거가 치러지는 상황에서 언론사에 보도자료만 보낸다고 실릴 수 있는 것은 아니다. 해당 지역이나 선거, 후보를 담당하는 기자들을 통해 발제가 이뤄지고 데스크의 판단을 거쳐 취재와 기사작성, 출고가 이뤄지는 것이 보통이다.

　기사의 최종 판단은 데스크에서 이뤄지지만 현장 기자들이 어떤 보고를 하느냐에 따라 1차적으로 지면에 실리느냐 마느냐가 결정된다고 할 수 있다. 따라서 기자들과 친해지는 것은 언론 노출 빈도를 상대적으로 높이는 길이기도 하다.

　평소 지역구 기자들과 친분이 전혀 없다면 어떻게 해야 할까. 보통의 시군구에는 해당 기관을 출입처로 하는 출입기자들이 있다. 출입처란 일종의 취재구역을 의미한다. 시군구는 출입기자 등록을 받아 언론에 홍보할 일이 있을 때 이들을 대상으로 기자회견을 열거나 보도자료를 발송한다. 필자가 2000년대 초반 지방근무 당시 경북 구미시와 안동시에는 각각 20~30여명의 기자들이 등록돼 있었다. 지금도 크게 다르지 않다고 한다.

출입기자들은 보통 시도와 시군구청이 제공하는 기자실에서 상주한다. 언론사에 따라 모든 지역에 주재기자를 두는 경우도 있지만 몇몇 시군구를 묶어 출입기자를 두면 해당 기자는 특정 시군구청에 상주하지 않게 된다. 출입기자 명단과 이메일은 시군구청의 공보과에서 관리하고 있으므로 이곳의 협조를 받으면 쉽다.

시군구청 출입기자들이 '기자단'을 구성하고 있는 곳도 있다. 기자단이 있다면 기자단의 총무격인 간사를 통할 경우 기자회견과 보도자료 배포 등이 상대적으로 수월하다. 지역에 따라선 소위 '메이저 언론사' 기자단과 이외의 기자들이 별도로 기자단을 만들기도 한다. 이런 경우 대부분은 서로 사이가 좋지 않다. 기자간담회 등을 열려고 할 때는 주의할 필요가 있다.

2)기자단 간사를 집중 공략하라

기자들의 기본 업무는 기사거리를 발굴하고 취재하고 기사를 쓰는 것이다. 기본적으로 필요로 하는 기사거리를 제공하면 기자들이 자주 찾지 않을 수 없다. 선거캠프에서는 흔히 후보의 동정을 기사거리로 착각하는 경우가 많지만 앞에서도 설명했듯이 선거상황, 선거전략, 쟁점 등이 모두 기사거리라고 할 수 있다.

기사거리도 중요하지만 정보보고 거리도 빼놓을 수 없다. 기사로 쓰기는 어렵지만 상황을 파악하는데 중요한 정보를 제공해 준다면 기자들의 환영을 받기 쉽다.

기자들과 친해지라고 해서 모든 기자들과 만날 수는 없다. 물리적으로도 시간이 부족한 선거시기엔 특히 더 비효율적이다. 이때는 기자단과는 별개로 친한 기자모임을 활용하는 것이 좋다.

실제 기자들은 혼자 취재하는 것으로 생각하기 쉽지만 여러 언론사 기자들이 함께 움직이는 경우가 많다. 기자가 여럿이면 취재원도 기자들에게 좀 더 신경을 쓸 수밖에 없어 취재가 편리하다는 장점을 갖고 있기 때문이기도 하지만 누구도 단독기사를 쓰지 못하기 때문에 문책을 당할 일도 없다는 무의식이 작동한 결과이기도 하다.

특별히 친한 기자들이 함께 뭉치는 경우가 많다면 이들 중에는 리더에 해당하는 기자가 있을 것이다. 그와는 좀 더 친밀한 관계를 가지려 노력하면 좋다. 선거에 대한 기자사회 내부의 이야기와 각 후보 평가 등을 들어볼 수도 있고, 기자들에게 부탁할 일이 있을 때도 유리하다.

실제 국회에는 상시출입, 단기출입 등을 합쳐 1000여 명의 출입기자들이 등록돼 있다. 언론사당 1명씩만 해도 다 모으기가 쉽지 않다. 이를 보완하기 위해 주요 언론사 소속의 상시출입기자 중 많은 수는 '꾸미'라고 불리는 독특한 기자모임에 속해 있다. 서로 다른 언론사 소속 기자 5~10명이 하나의 모임을 꾸려 함께 밥도 먹고 술도 마시며, 국회의원을 만나는 식이다.

〈기자들에게 제공하면 좋아하는 정보〉
① **후보 일정** : 다음날 후보들의 일정과 동선, 주요 내용에 대한 간단한 메모를 보도자료 형식과 문자메시지로 전날 오후에 전달하면 좋다.
② **쟁점에 대한 입장** : 전국적인 선거상황이나 지역선거에서 제기되는 쟁점에 대한 후보의 입장을 간단한 문장으로 정리해 문자메시지로 전송하면 기사작성에 참고가 될 수 있다. 특히 이렇게 보내준 입장이 기사에 실리면 금상첨화다.
③ **상대 후보동향** : 선거운동과정에서 접하게 되는 상대 후보의 특이동향을 정리해 뒀다 기자들이 선서캠프를 방문할 때 구두로 제공하면 좋다.
④ **각종 통계** : 지역구에 대한 각종 통계를 정리해 뒀다 기자들이 선거상황에 대해 취재할 때 제공하면 준비된 후보 이미지를 높일 수 있다.
⑤ **여론조사 결과** : 선거캠프에서 실시했거나 제3의 기관, 혹은 다른 언론사에서 조사한 내용을 미리 알아뒀다 기자들이 방문하는 경우 제공하면 좋다.

3) 금품요구는 명확하게 거절하라

기자들을 만날 때는 이들이 독특한 직업적 특성을 갖고 있다는 점을 고려해야 한다. 직업적으로 이들은 현장을 뛰어다니는 '육체노동자'이며, 의문을 통해 진실을 추적하는 '질문자'이기도 하며, 자신이 얻은 정보를 독자들에게 전하는 '전달자'이기도 하다. '국민의 알권리 충족'이라는 무기를 가진 덕이 권력에 대한 감시자로서 훌륭한 역할을 수행하기도 한다.

기자들은 권력기관이나 권력자들에게 당당하게 임해야 한다고 생각하고 있다. 그래야 위축되지 않고 취재를 할 수 있다고 본다. 과거에는 수습기자에게 파출소에서 소변을 보게 하거나, 빈 경찰서장실에 들어가 서장 책상에 발을 올리고 앉아있게 만드는 등 말도 안 되는 '담력훈련(?)'을 시키기도 했다.

이러다 보니 일부 기자들은 자신들에게는 특권이 있다고 생각하는 경우가 있다. 새파랗게 젊은 기자들이 나이든 후보나 선거참모에게 반발로 얘기하거나 무리한 요구를 아무렇지 않게 하는 경우다.

기자들의 행동에 반감이 들더라도 선거기간 중에는 대놓고 나무라면 곤란하다. 기자도 인간인 만큼 나쁜 감정을 가질 수 있다. 대신 이런 기자들에게는 '언론 전문가'로 깍듯하게 대해 주는 것이 좋다. 상대에서 전문가 대접을 하는 것은 그만한 품위를 지키라고 하는 간접적 압박이 된다.

때로는 노골적으로 금품을 요구하는 기자들도 있다. 경영상황이 나쁘지 않는 언론사의 경우엔 급여수준이 높기 때문에 그렇지 않은 경우가 대부분이지만 경영상황이 나쁜 언론사나 규모가 작은 언론사일수록 금품요구가 많아지는 것이 일반적이다.

하지만 요구에 응해서는 절대 안 된다. 추석에 기자들에게 촌지를 줬던 기초단체장이 선거에 당선됐다 당선무효형을 받은 경우도 있다. 2012년 총선에서는 촌지를 받았던 기자가 선관위에 이를 신고해 신고포상금을 챙기기도 했다. 촌지를 줬던 해당 후보의 운명은 말 안 해도 알 수 있을 것이다. 은근하든 노골적이든 금품을 요구할 경우 상대가 기분 나쁘지 않는 범위 안에서 이를 명확하게 상기시켜야 한다. 어물어물 하다간 '때에 따라 촌지를 주기도 하는 구나'라는 오해를 불러일으킬 수 있다.

연합뉴스 2006년 9월 28일자

'촌지 전달' 충주시장 당선무효

대법원 1부(주심 고현철 대법관)는 28일 5.31지방선거를 앞두고 기자들에게 촌지를 돌린 혐의(선거법 위반)로 기소된 한창희 충주시장에게 벌금 150만원을 선고한 원심을 확정했다.

벌금 100만원 이상의 형이 확정되면 공직을 잃도록 한 선거법에 따라 한 시장은 당선이 무효가 됐다.

재판부는 "시 예산에 편성된 업무추진비에서 예산집행절차를 거쳐 지급됐다고 하더라도 비판적 기사를 사전에 차단해 지지 기반을 조성하거나 유지하려는 목적으로 돈을 준 것으로 인정된다"고 밝혔다.

재판부는 이어 "피고인들이 이런 의도를 갖고 기자들에게 돈을 준 행위는 지극히 정상적인 생활형태의 하나로서 역사적으로 생성된 사회질서의 범위 안에 있다고 볼 수 없다"며 위법성 조각사유라는 피고인측 주장을 받아들이지 않았다.

한 시장은 작년 추석 때 기자들에게 촌지를 돌린 혐의로 기소돼 1심과 2심에서 당선무효형인 벌금 150만원을 선고받았으나 5·31지방선거에 출마해 60%의 지지율로 시장에 당선됐다.

(서울=연합뉴스) 심규석 이광철 기자

4) 후원회 광고, 아 고민이네

광고의 경우에는 좀 더 복잡하다. 특히 선거법상 대통령선거, 국회의원선거, 시도지사 선거는 후보자가 직접 광고를 할 수 있다. 시군구청장의 경우에는 후원회 광고가 가능하다.

　문제는 1개 언론사에 후원회 광고를 실었을 경우에는 이와 경쟁관계에 있는 모든 언론사들이 발끈할 수 있다는 점이다. "왜 우리는 광고를 주지 않느냐"고 따지면 곤란해 질 수 있다. 추가광고를 줄 수 있는 여력이 있으면 다행이지만 그렇지 않을 경우엔 '후과'로 돌아올 수도 있다. 경영상황이 열악한 언론사가 많은 지역일수록 더 심할 수밖에 없다.

　아예 광고를 하지 않는 것이 더 나을 수도 있다. 어느 것이 정답이라고 할 수 없다. 전적으로 후보자가 판단을 내려야 한다는 뜻이다. 광역·기초의원 후보자는 광고를 할 수 없으므로 예외다.

〈선거법에 따른 후원금 모금광고〉
- **대상** : 대통령선거, 국회의원선거, 광역·기초단체장 선거
- **매체** : 신문법 2조에 따른 신문(인터넷신문 제외), 정기간행물법 2조에 따른 정기간행물
- **광고횟수** : 분기별 4회 이내 (다만 후원회를 둘 수 있는 기간이 3월을 초과하지 아니한 때에는 4회 이내)
- **1회의 광고규격** : 신문광고는 길이 17cm, 너비 18.5cm 이내
- 신문외의 광고는 당해 정기간행물의 2면 이내

5

언론보도 준비하기

1) 보도자료의 허와 실

 언론사와 기자들에게 제공하는 보도자료는 취재의 기본 바탕이 된다. 보도자료를 통해 제공되는 기본 정보를 바탕으로 방향을 설정해 '야마'를 잡고 추가 취재를 진행한다. 그만큼 보도자료는 중요하다.

 하지만 보도자료에는 그만큼 허수가 많다. 지방선거의 경우 수많은 단위의 선거가 치러지기 때문에 보도자료의 양도 엄청나다. 반면 지면과 방송시간은 부족하다. 옥석을 가리는 과정에서 대부분의 보도자료는 폐기처분 신세가 된다. 언론과 기자들의 구미에 맞는 보도자료 만들기가 그만큼 중요하다.

① 형식부터 제대로 갖춰라

 보도자료에는 기본적인 형식이 있다. 누가 보내는지, 추가 취재를 하려면 누구에게 연락해야 하는지가 명확하게 드러나야 한다. 보도자료는 보내면서 문의번호조차 없다면 휴지조각이나 마찬가지다.

② 수려한 문장보다 충실한 내용이 중요하다

보도자료는 문학작품이 아니다. 문장을 다듬기 보다는 정보를 충실하게 담는 것이 먼저라는 이야기다. 물론 핵심 주제를 좋은 제목으로 뽑는다면 금상첨화다. 그러나 '최대' '최다' 등의 수식어가 과하다 보면 동시에 신뢰가 떨어진다는 점을 알아야 한다.

③ '야마'를 분명하게 제시해야 한다

보도자료는 무엇이 핵심인지가 분명하게 보여야 한다. 장황한 이야기만을 늘어놔서는 기자들에게 외면받기 십상이다. 관심을 가진다고 해도 선거캠프로 전화를 걸어 "도대체 야마가 뭐냐?"고 물을 가능성이 높다.

핵심과 주제를 분명하게 제시하고 이를 한두 문장으로 정리해 앞부분에 제시하라. 보도자료의 문장은 두괄식, 논리적 형식은 연역법이어야 한다. 길어도 한두 장으로 내용을 모두 정리한 뒤 추가 자료는 따로 첨부하는 것이 좋다.

④ 보도자료를 읽는 대상은 기자다

보도자료의 대상은 기자와 언론사다. 유권자에게 직접 전달되는 것이 아니다. 방송이라면 보도자료의 내용과 관련있는 영상이 있는지 여부를 표기해야 한다. 신문의 경우엔 좋은 사진이 딸려있으면 좋다. 시점이 중요하다면 미리 보도자료를 보낸 뒤 '00일 00시부터 기사화가 가능하다'는 엠바고 요청을 하는 것이 좋다.

⑤ 마감시간 넘기면 '도로아미타불'

마감시간은 가장 중요한 요소다. 아무리 내용이 좋아도 실리지 않으면 끝이다. 미리 마감시간을 알아둬야 한다. 석간의 경우 10~11시, 조간의 1차 오후 4~5시부터 시작해 보통 밤 10~11시면 서울시내판까지 마감이 끝난다. 마감시간이 이렇다고 해도 모든 뉴스가 다 마감시간 안에만 도착하면 처리될 수 있는 게 아니다. 중요뉴스라면 마감이 임박해서도 처리되겠지만 판을 바꾸는데 들어가는 인력과 비용이 있는 만큼 1차 마감 이후에는 손을 대기 쉽지 않다는 점을 알아야 한다.

특히 마감시간이 임박할수록 기사의 품질도 떨어질 수 있으므로 기자들이 충분히 취재하고 기사를 쓸 수 있도록 시간을 주는 것이 좋다. 이때 엠바고를 활용하면 대부분 기자들도 받아들인다.

앞에서 언급했듯이 주간지의 경우에는 마감은 물론 배포일자까지 파악할 필요가 있다. 마감이 목요일인데 월요일 오전부터 배포된다면 마감 전에 제공한 기사가 당시엔 뉴스일지 몰라도 월요일엔 구문이 될 수도 있다. 이럴 경우 월요일에도 새로운 내용처럼 보일 수 있도록 '양념'을 치는 것이 필요하다.

⑥ 일상적으로 제공하면 좋은 보도자료 리스트

▶일정 : 선거운동기간 전후부터 후보의 일정을 언론에 제공하는 것이 좋다. 시간과 장소를 문자메시지와 보도자료로 매일 정리하면 된다. 다음날 오전 6시 전후에 받아볼 수 있도록 예약발송 기능을 이용하면 좋다.

▶동정 : 후보자가 지역 행사를 참석해거나 특정 장소를 방문하는 경우 스냅사진을 첨부해 보내면 된다. 사진기사로 쓸 수 있도록 사진의 스토리를 중심으로 하되 후보자의 얼굴이 너무 부각되지 않을 정도로 사진을 찍는 것도 요령이다.

▶행사 : 선거사무소 개소식 등 후보자가 주최하는 행사를 하는 경우에는 좀 더 풍부한 보도자료가 필요하다. 행사 사전 보도자료, 사후 보도자료 등 시기별로 여러 종을 준비해 두는 것이 좋다. 다양한 종류의 사진과 배경자료를 준비해 언론에 제공해야 한다. 주요 참석인사는 물론 상대 후보 등 특이인사 참석 여부도 체크하자. 행사이면의 에피소드를 제공하는 것도 언론 노출을 늘리는 방법이다. 방송보도를 고민한다면 좋은 화면을 제공하든지 카메라기자가 참석하도록 사전에 섭외하는 것이 좋다.

▶정책 : 시기별로 중점 홍보 정책을 정한 뒤 미리 준비해 두는 것이 바람직하다. 해당 공약이 필요한 이유를 모호하게 제시하지 말고 객관적인 기관이 제공하는 통계 등을 활용하면 '준비된 후보' 이미지를 얻을 수 있다. 상대 후보가 조금 앞서고 있다면 '후보공약 비교 시리즈' 같은 보도자료를 일주일에 두세 번 만들어 배포하는 것도 방법이다. 자료사

진 혹은 후보가 정책현장을 방문한 사진 등은 반드시 첨부하도록 한다. 언론사에서 그래픽을 만들 수 있도록 백업해 주는 것도 바람직하다.

▶주장·요구 : 특정 사안에 대해 상대후보에게 공개 해명을 요구하는 경우, 특정 상황에 내 주장을 알리는 경우에도 보도자료를 통할 수 있다. '공개질의' 'OOO에 대한 OOO 후보의 입장' 등을 부제로 달아 기자들에게 배포할 수 있다. 상대후보가 명예훼손이라고 주장할 수 있다는 점에 주의해야 한다. 내 주장을 펼 때는 근거가 될 만한 통계와 자료를 첨부하는 것이 좋다.

▶반론·해명 : 모든 언론이 해명을 요구하거나, 해명 없이 기사를 쓰는 경우가 아니라면 가급적 반론과 해명은 보도자료로 만들지 않는 것이 좋다. 부정적인 사건은 기록으로 남겨봐야 좋을 일이 없다. 전화에 대한 응답, 단문의 문자메시지 해명, 보도자료 순으로 해명의 단계를 정하는게 편리할 수 있다.

2) 인터뷰에 응하기

(1) 여유가 있어야 인터뷰 기사도 잘 나온다

언론 인터뷰는 대부분 언론사의 요청에 의해서 이뤄진다. 선거가 가까워지면 유권자들에게 선거정보를 제공한다는 취지로 인터뷰를 하는 것이 보통이다. 유력 후보자들 모두를 동일한 지면이나 시간을 배정해 소개하는 형태의 인터뷰가 있는가 하면 쟁점이 발생하면 원고지 2~3매(신문), 1분 이내의 인터뷰(방송)를 진행하기도 한다.

인터뷰는 가급적 해당 언론사의 마감일정에 맞춰 미리 하는 것이 좋다. 선거에 쫓긴다고 마감에 쫓기는 시간에 인터뷰를 잡을 경우 기사의 질이 떨어질 수 있다는 점을 명심하자.

선거가 임박해지면 후보 일정을 빼기가 곤란한 만큼 서면인터뷰를 진행한뒤 쟁점에 대해 후보의 간략한 언급을 전화로 주고받는 형식을 택할 수도 있다.

(2) 예상질문 작성과 질문지 받기

쟁점 인터뷰가 아니라면 보통은 인터뷰를 진행하는 기자에게 예상질문지를 받을 수 있다. 언론사와 상황에 따라 다르지만 대면인터뷰라고 하더라도 서면답변을 미리 준비하는 것이 좋은 경우도 있다. 미리 해당기자와 상의해서 결정하면 된다.

질문지를 미리 받았다면 예상답변은 최대한 요약해서 준비해야 한다. 질문에 대한 답변이 너무 길면 언론사가 이를 편집할 수밖에 없다. 편집과정에서 의도치 않는 방향을 흘러갈 수도 있다. 말하고 싶은 내용을 요약한 짧은 문장을 먼저 제시한 뒤 뒤이어 이를 설명하는 두괄식 답변을 준비하는 게 좋다. 한 문장은 신문의 경우 원고지 0.5~0.7매, 방송의 경우 9초 안쪽으로 준비하면 된다.

(3) 사진은 미리 준비하자

대부분 일간지들은 사진기자를 따로 두고 있기 때문에 인터뷰 진행 과정에서 별도로 촬영한다. 하지면 소지역으로 갈수록 그렇지 않은 경우가 많다. 이때는 인터뷰 사진을 후보가 제공해야 한다. 사진에 대해서는 나중에 다시 거론하겠지만 언론사와 인터뷰 진행을 논의하는 과정에서 사진 제공은 어떻게 해야 할지 정해야 한다.

신문의 경우 인터뷰 내용에 어울리는 스냅사진으로 시선을 좌우측으로 처리한 각 1장씩, 최소 2장을 제공하면 좋다. 명함판 사진은 가급적 지양해야 한다. 인터뷰에 명함판 사진이 실리면 현장감이 떨어지는데다 독자들에게 준비 없이 만들어진 재미없는 인터뷰라는 인상을 심어줘 열독률을 떨어뜨린다. 홈페이지 자료실에 다양한 종류의 사진을 지속적으로 올려놓고 언론사들이 사진을 요청하면 홈페이지로 안내하는 방법도 있다.

간혹 인터뷰 기사이면서도 선거운동을 하고 있는 현장 사진을 요구하는 경우도 있다. 사진편에서 밝히겠지만 미리 준비해 두는 것이 것이 좋다.

(4) 기자를 두려워하지 말라

인터뷰를 진행하는 기자들에게 보여지는 인상도 중요하다. 이들도 유권자다. 동시에 최고의 '구전(口傳) 포인트'다. 이들이 선거캠프에 대해 불쾌한 감정을 가지게 할 필요는 없다. '이왕이면 다홍치마'라고 기자들이 좋은 인상을 가지게 되면 최소한 상대후보 보다는 기사에 더 신경을 쓰게 마련이다.

　기자들을 두려워할 필요는 없다. 뭔가 숨기는 사람처럼 비춰질 수 있다. 언론은 적이 아니다. 유권자의 알권리를 대행하는 언로이며 동시에 선거홍보의 활용 통로이기도 하다. 당당하면서도 적극적으로 대하면 된다.

　인터뷰 과정에서 답변하는 후보는 의자에 기대지 않고 책상에 바짝 붙는 편이 좋다. 의자에 지나치게 기대면 오만하게 비칠 가능성이 높다. 반대로 등받이에 기대지 않으면 겸손하면서도 적극성을 가진 인물로 비칠 수 있다.

　책상 위에는 아무것도 없어도 되지만 정책을 요약한 그래픽이 담긴 서류가 유리 아래 끼워져 있는 장면을 연출하는 것도 좋다. 해당 언론사 신문을 책상위에 올려놓거나, TV 수상기에는 해당 방송을 틀어놓는 것도 기자들의 마음을 얻는 길이다. 인터뷰 전후에는 가벼운 농담이나 선거판세에 대한 이야기로 긴장을 푸는 것도 방법이다.

(5) 의상과 화장에도 신경을 써야 한다

　방송 인터뷰라면 메이크업이 필요한지에 대한 판단도 내려야 한다. '생얼'이 생동감을 주기도 하지만 '후줄근한' 인상으로 비칠 수도 있다. 반대로 선거 컨셉을 전문가로 잡았는데 인터뷰에는 이와 어울리지 않는 화려한 화장을 하고 있다면 유권자들이 의아해 할 것이다. 선거컨셉과 인터뷰 내용 등을 종합적으로 고려해야 한다.

화장을 한다면 반드시 전문가들에게 맡겨라. 후보자가 짙은 '신부화장'을 하고 있으면 이상하게 비칠 것 아닌가. 선거화장을 해 본 경험 있는 전문가들이 주위에 없다면 해당 방송사에 협조를 요청하는 것도 방법이다. 방송사에는 방송용 화장과 관련한 전문가 리스트를 갖추고 있을 것이다.

의상도 마찬가지다. 양복상의를 반드시 입어야 하는 경우도 있겠지만 때에 따라 와이셔츠만 입고, 소매를 걷어 올린 모습을 연출해야 할 때도 있다. 여성후보라면 목걸이, 브로치 등 악세서리가 너무 화려하거나 고가(高價)는 아닌지, 해외명품 브랜드는 아닌지 등을 체크할 필요가 있다. 품격을 지키는 것도 좋지만 일부러 유권자들에게 위화감을 조성할 필요는 없다.

어깨띠를 하고 인터뷰할 것인지 아닌지도 결정하라. 어깨띠를 하면 홍보효과는 있을지 모르지만 화면이나 사진의 품질을 떨어뜨리는 경우가 많다.

(6) 난감한 질문에 대처하는 요령

기자들이 예상 질문지에 없는 난감한 질문을 할 때가 있다. 미리 예상질문에 포함시키면 인터뷰를 피할 것이라고 생각했거나, 돌발상황에 대한 대처능력 등을 보려는 것일 수 있다. 불쾌해 하지 말고 적극적으로 대답하려 노력하는 것이 좋은 인상을 심어줄 수 있다.

신상에 대한 것이라고 '노코멘트'라고 이야기하지 말라. 뭔가 숨기고 있다는 인상을 심어주기 좋다. 그렇다고 거짓말을 하지는 말라. 기자들이 거짓말을 하는 취재원을 싫어할 뿐만 아니라 이런 사실이 공개되면 선거에 치

2011년 서울시장 보궐선거 당시 나경원 한나라당 후보(왼쪽)가 내일신문과 인터뷰하고 있는 모습.
사진_ 이의종

명적인 영향을 미칠 수 있다.

'비보도' 등의 조건을 달 경우에는 이야기를 시작하기 전 명확하게 이를 인지시켜야 한다. 기자가 비보도를 약속하지 않는다면 말하지 않아야 한다. 인터뷰를 녹음 혹은 촬영하고 있다면 중단을 요구해야 한다. "여기서 부터는 비보도"라고 밝히고 난뒤 이야기를 시작하고, 비보도할 부분의 이야기가 끝나면 "여기까지"라고 정리하는 것이 좋다. 보도되도 좋은 문장이 있다면 "이 문장은 인용해도 좋습니다"라고 말하면 된다.

카메라가 돌아가고 있는데 말이 꼬였거나 실수한 부분이 있다면 다시 촬영을 요청하면 된다. 그대로 방송돼 어설픈 사람으로 보이는 것 보다는 촬영현장에서 수정하는 것이 백번 낫다.

(7) 돌발 인터뷰가 들어오면 한숨부터 돌려라

선거가 과열되고 급박하게 상황이 돌아가면 기자들이 선거캠프 혹은 유세현장을 찾아 현안에 대해 돌발질문을 하는 상황이 생길 수 있다. 특히 후보의 신상과 관련한 문제 등이 선거이슈로 부각됐을 경우엔 그럴 가능성이 더 크다. 기자의 수가 한명이라면 그나마 다행이겠지만 여러 명이 동시에 질문을 쏟아 내거나 카메라 기자까지 동행해서 촬영을 진행할 경우에는 더 난감하다.

기자들이 듣고 싶은 것은 후보의 답변이지만 부정적인 내용의 인터뷰일 경우 '후보가 당황하는 모습'도 좋은 화면이 될 수 있다는 점을 꼭 기억하라. 선거운동원들이 기자들에게 거칠게 행동할 경우도 있다. 그런 식의 행동이 오히려 긁어 부스럼을 만들 수 있는 만큼 절대 금물이다. 카메라를 손이나 몸으로 가로막는 행위도 마찬가지다. 촬영을 중단시키려면 조용하고 논리적으로 요구해야 한다.

돌발상황이 발생하면 상황을 통제할 수 있도록 여유를 갖는 것이 무엇보다 중요하다. 유세현장이라면 "여기는 여러 이야기를 할 만한 환경이 안되니 자리를 옮기자"고 제안하며 시간을 버는 것도 좋다. 그렇다고 선거캠프 등으로 이동하자고 제안하면 곤란하다. 집안으로 끌어들이면 더 이상 도망갈 곳이 없어진다. 한숨만 돌리는 정도로 잠깐 서서 질의응답을 할 수 있는 공간으로 이동하는 것이 좋다.

여러 기자들이 한꺼번에 질문하면 "한명씩 질문하라"고 차분하게 요구하

라. 자신에게 부정적인 내용에 대한 소극적인 답변을 하더라도 눈은 항상 해당 기자나 카메라를 정면으로 응시하라. 고개를 떨구거나 당황하는 모습은 카메라의 표적이 되기 쉽다. 질의응답 시간은 5~10분 정도면 적당하다. "여기까지 하시죠"라며 예의를 차리면서도 분명하게 인터뷰 종료를 선언하는 것이 좋다.

돌발상황에 대비해 선거이슈에 대한 답변은 미리 준비해 둬야 한다. 특히 자신의 신상문제와 관련한 이슈는 반드시 준비된 답변만 내놓아야 한다. 반론을 제기하거나 배경설명을 하는 것도 필요하지만 때로는 정면 대응하는 것도 좋은 전략이다. 노무현 전 대통령은 부인 권양숙 여사 부친의 빨치산 전력을 집요하게 파고들던 언론에 "그렇다면 아내를 버리란 말입니까"라고 말해 '집토끼'는 물론 주부들의 마음도 잡았다.

(8) 사후 관리가 기자 마음을 녹인다

기사가 나가고 나면 꼭 해당 기자와 언론사에 전화를 하라. 다소 의례적으로 들릴지는 모르겠지만 "기사를 잘 봤다" "유권자 반응이 상당하더라"고 이야기하면 싫어할 기자가 없다. 기사의 구체적인 표현, 예로 들어 "제목을 이렇게 뽑다니 탁월하더라" 같은 식으로 칭찬하는 것도 좋다.

필자가 현장에서 취재를 하다보면 "기사가 나가기 전에 미리 볼 수 없느냐"는 요청을 받는 경우가 있다. 기자 대부분은 편집권을 침해받았다고 생각하기 때문에 불쾌하게 받아들이는 경우가 많다. 절대 삼가야 할 표현이다.

3) 기자회견은 남발하지 말라

기자회견은 언론과 상대하는 가장 공식적인 통로다. 인터뷰가 주로 언론 측의 요청에 따라 이뤄진다면 기자회견은 여론을 이끌어나가기 위해 후보 측이 주도적으로 메시지를 준비한다는 측면에서 다를 뿐이다.

(1) 기자회견 시간과 장소

기자회견 주제가 전사회적 관심을 불러일으킬 만한 대형이슈가 아니라면 회견장은 기자들이 상주하는 공간을 이용하는 것이 좋다. 주로 지방자치단체 기자실과 브리핑룸 등이다. 관련 설비가 마련돼 있는 만큼 주최 측이나 기자들 모두 간편하다.

회견장이 있다고 무작정 찾아가서는 곤란하다. 브리핑룸을 관리하는 주체인 자치단체의 승인이 필요하고, 기자단이 구성돼 있다면 간사와 협의해서 시간을 정해야 한다. 통보 없이 가는 것은 실례다.

시간은 기자회견 대상이 되는 언론의 마감을 맞추는 것이 중요하다. 마감을 못 맞추면 아무리 좋은 내용이라도 안 실린다. 조간의 경우 오후 1시부터 3시 사이, 석간의 경우 아침 9시부터 11시 사이가 적당하다. 다만 언론사 마다 마감시간이 다를 수 있으므로 미리 의논하는 것이 좋다. 적정한 시간을 맞추지 못할 경우 시간 엠바고(10시 이후 보도 요망) 등을 걸고 보도자료와 회견문을 미리 제공해도 무방하다.

기자회견을 한다고 했는데 기자들이 참석하지 않으면 문제가 심각하다. 이같은 웃지 못할 일이 실제로 종종 벌어진다. 가급적 기자들이 상주하는 곳으로 찾아가돼 불가피하게 장소를 바꿔야 한다면 개별 기자들에게 연락을 취하는 것이 좋다. 참석여부도 반드시 확인해야 한다. 일간지나 방송의 경우에는 사진과 카메라가 따로 움직이는 경우가 있으며 양쪽 모두 확인해두는 것이 좋다.

(2) 너무 자주하면 늑대소년이 된다

기자회견은 너무 자주 열지 말라. 예비후보등록 직전, 선거운동기간 개시 전후, 선거의 중요 변곡점, 대형 이슈 발생 등 기자들이 뉴스가치가 있다고 생각하는 경우로 제한하라. 자신이 중요하다고 생각하는 것과 기자들이 뉴스가치가 있다고 판단하는 것 사이에는 의외로 격차가 클 수 있다.

처음에는 기자회견에 꼬박꼬박 참석하다가도 별다른 내용이 없으면 불참자가 늘 수 있다. 기자 탓이 아니라 후보 탓이다. 자꾸 반복되면 '늑대소년'으로 낙인찍힐 수 있다.

6
사진이 표심 1%를 움직인다

1) 사진의 기준은 40~50대 여성유권자

사진은 선거운동에서 가장 중요한 부분 중 하나다. 선거현장에서는 사진만으로 유권자의 1%p가 움직인다고 보고 있다. 초박빙 승부에서는 당락을 가를 수 있는 수치다. 1%p라면 유권자가 5만명인 선거구에선 500표다. 적은 수라고 생각할지 모르지만 A를 지지하던 유권자 500명이 B 지지로 옮기면 1000표 차이를 만든다. 투표율 60%로 환산하면 3만표에 1000표로 상당한 규모다.

대부분 유권자는 후보자를 직접 만나지 못한 채 사진으로만 접할 가능성이 높다. 사진 이미지를 통해 후보를 파악할 수밖에 없다. 그만큼 사진은 선거홍보의 시작이자 끝이다.

특히 40~50대 여성유권자는 사진에 좀 더 민감한 반응을 보인다. (잘생긴 것과는 별개로) 잘생긴 '것처럼 보이는' 후보에게 표심이 몰린다는 것은 이미 수많은 선거를 통해 증명된 바 있다. 따라서 선거구 사정에 따라 차이가 있긴 하지만 후보자 사진은 40~50대 여성을 기준으로 이들이 원하는 모습을 보여주는 것이 좋다. 적당한 화장과 연출, '뽀샵(편집)'이 필요하다는 뜻이다.

동네 사진관에서 찍은 여권용 사진으로는 이런 인상적인 모습을 보여주기 어렵다. 선거홍보용 사진은 반드시 촬영 경험이 있는 전문가에게 도움을 받는 것이 좋다.

2) 선관위 홈페이지 사진부터 챙겨라

선거운동 기간과 용도에 따라 사진의 쓰임새는 크게 다르다. 예비후보 시기에는 명함판 사진부터 챙겨야 한다. 지방선거의 경우 예비후보 등록이 시도지사와 교육감은 선거일 120일 이전이며 시·도의원과 시·구청장, 시·구의원은 90일 이전, 군수와 군의원은 60일 이전이므로 늦지 않게 사진을 준비할 필요가 있다. 이럴 경우 예비후보 자격으로 선거운동을 하는 기간 동안의 계절과 실제 선거가 치러지는 시기의 계절 차이를 고려하는 것이 좋다.

가장 먼저 예비후보 등록서류를 작성하면서 선거관리위원회에 제출하는 사진부터 보자. 선관위에 제출한 사진은 선관위 홈페이지 '예비후보자 정보란'에 게재된다. 지난 총선 이후 선관위는 이 사진의 규격을 '5×7㎝의 천연색으로 3개월 이내 촬영한 탈모상반신' 정도로만 규정하고 있다.

 이런 규격으로 사진을 찍을 땐 어떤 상의를 선택하느냐에 따라 얼굴 이미지가 다르게 보일 수 있다. 밝은 색 계통을 선택할 것인지, 어두운 색으로 할 것인지 정해 두는 것이 좋다. 색깔 있는 배경을 하얀색으로 재처리 하려고 포토샵 작업을 할 경우 부자연스러운 이미지가 만들어질 수도 있다. 미리 하얀색 배경의 사진을 찍어 두는 것도 방법이다.

 명함판 사진이 쓰이는 또 다른 곳은 '예비후보 명함'이다. 예비후보 자격으로 선거운동을 하는 경우 예비후보자홍보물 이외의 자신을 알릴 유일한 인쇄홍보물이므로 사진에 신경을 써야 한다. 선관위 제출용과 달리 명함을 통해 전달하려는 메시지에 알맞은 형식의 사진을 준비해 두는 게 필요하다.

〈2012년 대선 당시 선관위가 요구한 사진 촬영 시 준수 사항〉

▶ 천연색 칼라사진
▶ 넥타이선의 배꼽 아래 까지 촬영
▶ 양쪽 어깨선이 다 보이도록 촬영
▶ 얼굴과 몸은 정면을 향하도록 촬영
▶ 인물의 배경은 흰색(white)으로 촬영
▶ 현상된 사진의 경우 5×7cm
▶ 경력방송용 디지털 사진(jpg파일)의 경우 : 해상도 300dpi, 5×7인치(12.7×17.8cm)

3) 스냅 사진도 미리미리 준비하라

2010년 지방선거 당시 오세훈 전 서울시장이 사용한 프로필 사진. 각각의 사진은 격의 없이 모습과 일에 열중하는 이미지를 보여준다.
사진_ 오세훈 선거캠프

스냅사진(snapshot)의 사전적 의미는 '재빠르게 순간적인 장면을 촬영하는 것으로 자연스런 동작이나 표정을 잡을 수 있는 사진'이다. '캔디드 포토(candid photography)'라고도 한다(네이버 두산백과).

앞서 언론 인터뷰 과정에서 기자가 사진을 달라고 요청할 경우를 대비해야 한다고 썼다. 이럴 경우에는 명함판 사진이 아니라 스냅사진이 적격이다. 딱딱하게 보이는 근엄한 표정의 명함판 사진이 포함된 인터뷰 기사는 형식적이고 딱딱하다는 이미지를 줄 것이다. 기사 열독률을 떨어뜨릴 뿐만 아니라 인터뷰에 임한 후보자의 이미지까지 반감시킬 수 있다.

스냅사진은 여러 종류를 준비해 두어야 하는데 기억해 두어야 하는 것은 같은 설정으로 똑같은 옷을 입은 사진이라도 반드시 시선이 좌측으로 처리된 것, 우측으로 처리된 것 두 종류가 필요하다는 점이다.

신문의 경우 좌측 짝수 면에는 우측을 바라보는 시선의 사진이, 우측 홀수 면의 경우 좌측을 바라보는 사진이 대체로 안정감을 주기 때문이다. 물론 같은 면이라고 하더라도 기사가 실리는 위치에 따라 다를 수 있기 때문에 쌍을 이루는 2장이 있으면 편집의 유연성을 발휘하기 좋다.

가로사진과 세로사진도 필수적이다. 보통 사진의 구도를 가로로 잡으면 좀 더 안정감을 줄 수 있다. 반면 세로사진은 비교적 역동적인 모습을 연출할 수 있는 특징이 있다. 예를 들어 여러 사람이 토론하는 장면을 가로로 연출할 경우 균형이 잡힌 토론이라는 인상을 줄 수 있는 반면 세로로 연출하면 격동적인 주장을 보여줄 수 있다. 시장에서 유세하는 장면도 가로로 하느냐, 세로로 하느냐에 따라 전달되는 이미지가 달라진다.

따라서 연출을 해서 찍는 스냅사진도 여러 종류가 있는 게 좋다. 대부분 전문가에게 사진을 의뢰하는 만큼 사전에 명확하게 요구를 전달해 두는 편이 나중에 불필요한 갈등을 없앨 수 있다.

사진 찍는 시간은 여유 있게 비워둬야 한다. 동네 사진관에서 여권 사진을 찍는 것처럼 한 두 시간이면 된다고 여기지 말라. 연출이 필요한 스냅사진은 의상을 갈아입고, 메이크업하고, 상황을 만들고, 장소를 이동하는 데만 수 시간이 소요된다. 최소 1~3일 이상은 사진을 촬영하는데 써야 한다고 각오하라. 시간이 아깝다고 생각하면 안된다. 지역구 유권자 대부분이 오로지 후보자의 사진밖에 보지 못한 상태에서 투표한다는 점을 명심하라.

4) 선거에 필요한 사진 7가지

① 명함판 인물사진

　여권에 쓸 수 있을만한 명함판 사진과 함께 온화한 미소를 짓는 사진, 활짝 웃고 있는 사진, 무엇인가에 열중하고 있는 듯한 사진 등 다양한 사진을 미리 준비하라. 선거운동기간에 들어가면 사진을 찍을만한 여유를 내기 힘들다. 선거운동이 전개되는 과정에서 선거를 좌우할 이슈가 있다면 이와 관련있는 이미지의 사진을 언론에 제공하는 것이 효과적이다. '유비무환'이다.

② 메시지를 보여주는 사진

　자신이 출마를 통해 무엇을 하려는 것인지를 보여주는 사진이 필요하다. 선거운동기간 동안 메인 메시지를 표현하는 것이다. 이런 사진은 활력이 넘치거나, 지적이거나, 온화하거나, 경륜이 넘치거나, 도전적인 모습을 담고 있어야 한다. 앞서가는 후보라면 안정적인 이미지를 중심으로, 추격하는 후보라면 도전적인 이미지를 중심으로 구성되어야 한다. 헤어스타일, 머리색깔, 와이셔츠 디자인, 넥타이 색깔, 안경, 표정 등이 종합적으로 구성되어야 하는 만큼 전문가들의 도움이 반드시 필요하다. 주로 선거벽보와 홍보물의 표지 등에 쓰인다고 생각하면 된다.

③ 업무 보는 모습

　메인 메시지를 보여주는 사진과 달리 다양한 후보의 모습을 보여주는 사진이다. 상의를 벗고 와이셔츠의 소매를 걷은 채 일에 열중하는 모습은 많은 유권자들에게 믿음을 줄 수 있을 것이다. 중앙정계와 관계의 네트워크, 혹은 소통을 강조하려 한다면 전화를 거는 모습도 좋다. 다만 이런 종류의 사진은 너무 밋밋할 수 있으므로 책상위에 놓인 서류나 책을 통해 적당한 장식적 효과를 기대해도 좋다. 책의 제목까지 신경쓰면 금상첨화다. 넥타이는 열정적인 이미지를 강화하는 붉은색 계통을 선택하는 것도 방법이다.

④ 가족사진

언론보도용 이외에도 사진이 쓰이는 곳이 많다. 상대 후보의 가족관계에 문제가 있을 때 이를 말로 주장하는 대신 '화목한 우리 가족'의 모습을 사진으로 보여주면 대비효과를 거둘 수 있다. 반대로 나의 가족관계에 대한 루머가 있다면 자상한 아버지, 어머니의 모습을 사진으로 보여주는 것도 좋다.

⑤ 현장사진

전통시장 방문은 자영업자인 유권자들을 위한 필수적인 코스다. 특히 여성 어르신들과 환하게 웃으며 악수하거나, 생선이나 과일 등을 들고 있는 모습을 연출하는 게 좋다. 생활까지 챙기는 후보라는 이미지를 만들 수 있다. 이외에도 환경문제가 이슈가 되는 지역구의 경우 쓰레기집하장이나 강변 등 해당 장소를 방문한 사진도 좋다. 특정한 유권자들을 겨냥한 홍보에 사용될 수 있다.

⑥ 다양한 부류의 사람들과 함께 있는 사진

선거이슈에 따라 다양한 종류의 사진이 필요할 수 있다. 교육문제가 떠오르면 지역의 학생들과 함께, 노인문제가 이슈가 되면 어르신들의 손을 잡고 있는 모습 등이 도움이 된다. 경찰관, 소방관, 노동자, 교사들과 찍은 사진이 필요할 때도 있다. 선거에 임박해서는 이런 종류의 사진을 얻기 힘들기 때문에 최소 3~4개월 전에 준비해 두는 것이 좋다. 여성후보라면 도서관에서 유아들에게 책을 읽어주는 모습 등은 비슷한 연령대의 유아를 가진 부모들의 시선을 쓸 수 있을 것이다. 다만 선거운동 계절을 고려해 의상을 준비해야 한다.

⑦ 애완동물 사진 등

왜 이런 사진이 필요한지 의문을 제시할 수도 있겠지만 애완동물을 기르고 있는 유권자라면 이런 사진을 홍보물에 실은 후보자들에게 호감을 느낄 것이다. 특정한 부류의 사람들에게 호감을 줄 수 있는 사진은 지역 유권자 특성에 따라 다르다. 다만 특정 유권자

2012년 총선 당시 서울 성북갑 선거구에 출마한 정태근 무소속 후보는 반려동물을 통한 선거운동을 펼쳐 주목을 받았다.　　사진_ 정태근 선거캠프

집단에 호감을 준다고 해도 다른 유권자 집단의 비호감을 부르지 않도록 주의해야 한다. 유권자에게는 좋아하는 감정 보다 싫어하는 감정의 위력이 훨씬 크다.

인쇄매체와 현수막을 통한 선거홍보

1) 명함의 99% 이상은 버려진다

　공직선거법에 따라 예비후보로 등록하면 명함을 교부할 수 있다. '길이 9㎝ 너비 5㎝ 이내'로 규정된 명함에는 학력과 경력, 홍보에 필요한 구호 등을 게재할 수 있다. 예비후보자 자격으로 유일하게 유권자에게 건넬 수 있는 홍보수단이 바로 명함이다. 선거운동이 시작된 이후에도 명함은 중요한 홍보수단의 하나다.

　하지만 후보자가 명함으로 너무 많은 정보를 전달하려면 할수록 유권자들은 이를 외면할 가능성이 높다. 글자만 수북한 명함은 호기심을 유발하기 보다는 난해하다, 지루하다는 인상을 주기 쉽다. 심플하면서도 유권자들이 눈길을 사로잡을 수 있는 디자인이어야 한다는 뜻이다.

　그렇다고 해도 후보자에게 명함을 받은 유권자가 명함을 들여다보는 시간은 대체로 5초 미만이다. 후보자가 뿌리는 99% 이상의 명함이 현장에서 바로 버려지거나 유권자 주머니를 거쳐 휴지통으로 간다고 생각하면 된다. 5초안에 마음을 사로잡을 수 있는 글자와 이미지를 넣는 것이 명함의 승부처다.

단순하면서도 감성적인 메시지를 세 단어 이하로 줄이고, 후보자의 사진도 가급적 눈에 띄는 것을 배치하는 것이 좋다. 튀어야 한다고 너무 나가면 곤란하다. 허위경력 기재 등으로 당선무효된 사례도 많으니 주의해야 한다. 조금이라도 의문이 생기면 관할지역 선관위에 문의하는 것도 방법이다.

자신을 지지하는 상점, 특히 미용실 거울에 명함을 꽂아두면 머리하는 사이에 시선을 고정시킬 수 있다. 이 경우 반드시 명함의 앞뒷면이 모두 보이도록 2장을 쌍으로 꽂아두는 것이 좋다.

후보자 홈페이지로 연결되는 기능을 가진 얇은 USB를 단 명함(USB에 홈페이지 연결 기능이외에 저장기능은 없어야 한다) 등 아이디어 상품도 개발돼 있지만 비용 대비 효과를 고려할 필요가 있다. 통상 예비후보 기간을 포함해 후보자가 뿌리는 명함의 총수는 해당 선거구 유권자 전체수보다 많은 경우가 대부분이어서 명함비용이 많이 들어가면 그만큼 다른 분야에 쓸 수 있는 비용도 줄어든다.

> 〈예비후보 명함은〉
>
> ▶**게재내용** : 성명 · 사진 · 전화번호 · 학력 · 경력 등
> ▶**규 격** : 길이 9cm 너비 5cm 이내
> ▶**배부금지장소**
> – 선박 · 정기여객자동차 · 열차 · 전동차 · 항공기의 안과 그 터미널구내(지하철역 구내 포함)
> – 병원 · 종교시설 · 극장의 안
> ▶**배부주체**
> – 예비후보자, 예비후보자의 배우자 및 직계존비속
> – 예비후보자와 함께 다니는 선거사무장 · 선거사무원 · 활동보조인
> – 예비후보자 또는 그의 배우자가 그와 함께 다니는 사람 중에서 지정한 각 1명
>   (선거운동을 할 수 있는 사람 중에서 지정하여야 함)

2) 현수막은 슬로건이다

지금은 '연예인'으로 더 유명해진 강용석 전 의원은 2012년 총선에서 특이한 현수막을 내걸었다. '양면 현수막'이었다. 보통의 현수막이 차량을 타고 이동하는 유권자들이 잘 볼 수 있도록 차도 쪽으로 설치됐지만 강 전 의원의 양면 현수막은 차량 탑승자는 물론 도보 유권자까지 동시에 배려했다.

단면 현수막에 비해 가격이 비싸다는 단점이 있긴 하지만 차량에 탑승한 이들보다 도보 이동자가 지역 유권자일 확률이 높은 만큼 이런 선거운동 방법도 유효하다고 할 수 있다. 선관위의 경우에도 같은 크기, 같은 도안, 같은 내용으로 제작할 경우에는 이를 현수막 1매로 본다는 유권해석을 내리고 있다.

양면 현수막을 제외하고는 대부분 현수막은 디자인의 다양성 보다는 슬

로건 자체가 중요하다. 사진 이상으로 중요한 것이 슬로건이다. 선거구가 도시지역이라면 유권자들에게 새로운 인상을 심어줄 수 있는 톡톡 튀는 슬로건을 제시하는게 좋다. 반면, 농촌지역에서는 조금더 겸손한 문구를 사용하는 것이 바람직하다.

물론 선거구도상 추격하는 형국이라면 1위 후보자에 비한 나의 상대적 우위를 보여줄 수 있는 문구가 필요하고, 내가 1위를 달리고 있다면 내 구상을 보여주는 슬로건을 선택하는 것이 좋다.

현수막은 개수가 정해져 있으므로 선거운동 기간 동안 주기를 정해 장소를 옮겨 게시하는 것도 방법이다.

3) 선거벽보의 핵심은 사진이다

선거벽보에서 가장 중요한 것은 요소는 사진이다. 벽보에 실리는 이미지로 유권자들에게 어필하는 것이다. 단순히 후보자 얼굴이 아니라 내가 이번 선거를 통해 보여주고자 하는 모든 것을 담는 일종의 '초상화' 같은 이미지를 만들어야 한다.

내가 방어하는 입장의 1위 후보라면 안정적인 이미지가, 1위를 바짝 쫓는 상황이라면 도전적이 이미지가 필요하다. 인지도가 상대적으로 떨어진다면 다른 후보에 비해 톡톡 튀는 색깔과 이미지를 보여줄 필요가 있다.

최근 들어서는 새로운 형식의 선거벽보가 등장하기도 한다. 2012년 총선 당시 서울 성북갑에 출마한 무소속 정태근 후보는 국회의원 시절 자신의 활약상을 담은 신문기사를 선거벽보 절반에 담았다. 이미지를 중심으로 한 벽보가 아니라 지난 4년 동안의 의정활동 성과를 담은 기사를 통해 '읽을거리 벽보'를 만든 것이다. 세심하게 선거벽보를 읽어보는 중장년층의 눈길을 잡는 전략이면서 판에 박힌 벽보의 형식을 파괴함해 젊은층의 기호에도 맞추려는 노력이 돋보였다는 평가를 받았다. 벽보가 과거의 틀에 얽매일 필요가 없다는 점을 보여준 대표적인 사례로 꼽힌다. 한편으로는 벽보가 단순히 후보자의 이미지만 보여주는 것은 아니라 하나의 독립적인 매체로 기능할 수도 있다는 측면을 보여줬다.

2010년 총선 당시 서울 성북갑 선거구에 출마한 정태근 무소속 후보는 선거벽보에 신문기사를 결합해 주목을 받았다.
사진_ 정태근 선거캠프

  벽보에 들어가는 슬로건도 중요하긴 마찬가지다. 현수막과 마찬가지로 선거구 특성에 따라 좀 더 감성적이면서도 도전적인 문구를 집어넣느냐, 아니면 겸손하면서도 안정감을 주는 문구를 사용하느냐에는 차이가 있다. 경력과 공약 등 너무 많은 글자를 넣는 것은 불필요하다. 명함과 마찬가지로 5초 안에 이해할 수 있는 3음절 이하의 슬로건과 이름을 부각시키고, 나머지는 작은 글씨로 간략하게 적는 것이 바람직하다. 정태근 전 의원 사례처럼 아예 발상을 전환할 것이 아니라면 말이다.

2014년 지방선거의 경우엔 선거벽보 제출시한이 선거운동 개시일 하루 전인 5월 21일까지여서 그동안의 선거 진행상황과 구도 등으로 고려해 미리 몇 가지 시안을 준비해 둔 뒤 5월 중순 마지막 작업을 진행하는 것도 시의적절한 선거홍보라고 할 수 있다.

4) 선거공보물, 첫장과 맨 뒷장에 공을 들여라

  예비후보자가 발송하거나 선거일 직전 선관위에서 일괄적으로 각 가정에 보내는 선거공보물의 50% 가량은 그냥 버려진다는 게 선거 관계자들의 공통된 증언이다. 선거에 관심이 없거나 관심이 있다고 하더라도 선거공보물까지 챙겨보는 경우는 절반 이하에 그친다는 것이다.

  특히 시도지사, 교육감, 기초단체장, 광역의원, 기초의원 등을 함께 뽑는 지방선거가 한꺼번에 치러질 경우 선거공보물을 따로 챙겨보는데 유권자는 상당한 노력을 쏟아 부어야 한다. 각 단위 선거에 3명씩 출마했고, 8페이지 짜리 공보물을 모두 발송했다면 이 분량만 120페이지에 달하게 된다. 웬만한 책 반권을 읽어야 한다는 이야기다. 선거공보물을 디자인한다는 것은 대할인점 진열장에 빽빽하게 들어찬 비슷한 종류의 상품 중에서 나를 골라달라고 호소하는 것과 마찬가지다.

  8페이지 선거공보물에서 가장 중요한 것은 첫 장과 맨 뒷장이다. 마찬가지로 보통 일간신문에서 가장 광고단가가 비싼 지면이 1면과 '백면(맨 뒷면)'이다. 사람들이 가장 많이 보기 때문이다.

보통 첫 장에는 후보자의 사진과 핵심 슬로건을 간략하게 넣는 것이 좋다. 글자가 많으면 많은 정보를 제공하는 것처럼 보일 수 있지만 반대로 아예 안 읽고 '버리는' 유권자들은 배 이상 늘어난다. 뒷면에는 후보자의 이름을 강조하는 이미지와 문구가 들어가는 것이 좋다. 후보의 이력를 뒷면에 빽빽하게 써놔 봐야 안 읽고 접으면 그만이다. 한순간 만이라고 눈길을 잡을 수 있는 이미지가 필요하다.

첫 장과 맨 뒷장만 보고 다음 후보자의 선거공보물로 넘어가는 경우가 대부분인 젊은층과 달리 중장년층은 내지까지 꼼꼼하게 읽는 경향이 있다. 중장년층에게 어필할 수 있는 공약 등은 내지에 세부적으로 보여주는 것이 좋다. 중장년층이 주로 본다는 것을 감안해 글자의 크기와 표현 등을 꼼꼼하게 챙기는 것도 중요하다. 내지에는 도전적인 문구 보다 안정을 강조하는 내용을 부각시키는 것도 방법이다.

선거공보물 대상이 전체 유권자이지만 수준은 25살 고졸 유권자에게 맞추는 것이 좋다. 지역사회에 대해 관심은 크게 없고 사회적 경험도 적으면서 고등교육까지는 아니더라도 평균의 이해력을 갖고 있는 집단을 상정해 정리해야 전체 유권자의 눈높이를 맞출 수 있다. 내 지식을 자랑하려고 어려운 단어와 난해한 문장을 넣어봐야 아무런 소용이 없다.

2014년 지방선거의 경우 선관위에서 일괄 발송하는 책자형 선거공보물 제출 마감시한은 선거일 12일 전인 5월 23일이므로 해당 시기까지의 선거 상황과 구도를 고려하는 것도 좋다.

2010년 지방선거 공주시장 국민중심연합 이준원 후보의 공고물

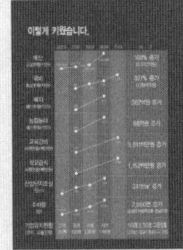
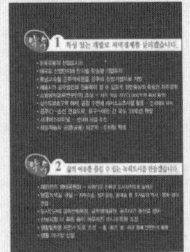

5) 출판기념회, 손익을 따져보라

　국회의원의 전유물처럼 여겨지던 출판기념회가 점차 지방선거 출마를 준비하는 이들로도 확산되고 있다. 시도지사는 물론 시군구청장, 광역의원까지 출판기념회를 여는 행렬에 동참하고 있다.

　출판기념회는 선거법에 저촉을 받지 않는 범위 안에서 자신을 홍보하는 좋은 수단이 될 수 있다. 선거일 90일 이전에 열어야 한다는 것 이외에 별다른 제재도 없다. 선두권 후보라면 자신의 지지세를 과시하는 방법이 될 수도 있다. 조직을 점검할 수도 있고 자신의 전문적 지식과 화려한 경력 등을 과시하는 장이 되기도 한다.

　현실적으로 출판기념회는 일종의 선거자금 조달 창구가 되기도 한다. 선관위도 출판기념회에서 오가는 '책값'에 대해 '단순히 저서의 출판을 축하하기 위하여 의례적인 범위 안에서 제공하는 축하금품에 대해서는 정치자금법에 위반된다고 볼 수 없다'는 유권해석을 내리고 있다. 일종의 '경조사'로 보는 만큼 불상사만 없다면 문제 삼지 않겠다는 취지다. 축하금품이라고 하지만 국회의원의 경우 보통 5000~1억원 안팎, 많을 경우 3억원까지 모으는 경우도 있다고 한다.

　하지만 과거와 달리 출판기념회에 대한 부정적 여론이 거세지면서 역풍이 불 수 있다는 점을 간과하지 말아야 한다. 상대후보가 '거액의 축하금품'을 문제 삼을 수도 있고, 인원동원 과정에서 사전선거운동 논란에 휩싸일 수 있다. 저서가 표절논란에 휩싸일 가능성도 배제할 수 없다. 대필작가를 고용한다고 해도 위험이 따른다. 경로당, 보육원이라고 하더라도 무료로 책을 제공하면 기부행위로 간주되기 때문에 주의해야 한다. 실제 2012년 총선 당시 몇몇 의원들이 저자사인이 들어간 자신의 저서 2~3권을 보육시설 등에 제공했다 법원에서 유죄판결을 받기도 했다.

2009년 4월 29일 경북 경주시 국회의원 재보궐선거 당시 무소속으로 출마한 정수성 후보는 출판기념회에 박근혜 대통령을 초청함으로써 결정적인 승기를 잡았다. 사진은 출판기념회에서 인사하는 박 대통령.   사진_ 정수성 선거캠프

드문 일이지만 뒤지는 후보의 책자를 자신의 책상에 꽂아놓은 공인중개사가 1위 후보 지지자인 다른 자영업 종사자들에게 'OOO 지지자'로 찍혀 따돌림을 당한 경우도 있었다. 출판기념회가 반드시 긍정적 효과를 가진 것만은 아니라는 뜻이다.

비용 측면에서도 출판기념회 행사비용 등을 고려하면 손실이 발생할 수도 있다. 대필작가를 고용한 경우라면 대필비용도 생각해야 한다. 대필비용은 국회의원의 경우 통상 1000~3000만원 수준인 것으로 알려져 있다.

온·오프라인의 선거홍보전략

1) 당신이 추격자라면 튀어라

 지난 2010년 지방선거에서 한나라당 성남시장 후보였던 황준기 후보는 '여성 보행권 보장'을 공약하며 여성 운동원 30명과 함께 하이힐을 신고 보도를 걷는 '하이힐 유세'를 벌였다. 같은 기간 부산시의원 비례대표 후보로 나선 국민참여당 신경호 후보는 EBS 프로그램인 텔레토비 복장으로 해운대 전역을 돌며 한표를 호소했다. 무소속의 손영태 안양시장 후보는 4대강에 반대한다는 의미로 첫 유세를 굴착기 삽날 위에서 시작했다.

 2010년 지방선거에 출마한 후보는 교육감, 교육위원을 포함해 모두 9908명이다. 인원만큼이나 다양한 선거운동 방식이 동원되고 있다. 하이힐 유세 정도는 튀는 수준도 아니다. 이제는 슈퍼맨, 관우, 이순신 장군 복장을 한 후보나 선거운동원도 낯설지 않다. 일부 눈살을 찌푸리게 하는 경우를 제외하고는 대부분 재미있다는 반응을 얻고 있다.

하지만 이런 선거운동이 실제 득표와 이어질 지는 미지수다. 후보자를 기억에 남게 할지는 몰라도 투표의 기준이 되지는 않을 수 있기 때문이다. 톡톡 튀는 선거운동은 대부분 인지도가 크게 떨어지거나 선두와의 격차가 큰 후보가 선택하는 방식이다. '인지도 상승'이 목적이 아니라면 위험을 무릅쓰기보다는 안정적인 방식을 선택하는 것이 낫다. 2위 후보와의 격차가 큰 1위 후보는 더욱 그렇다.

경쟁구도가 형성돼 있다고 하더라도 무조건 튀는 쪽으로 가는 것은 위험하다. 지역구 사정과 후보자의 이미지, 선거전략 등에 따라 적정선을 설정할 필요가 있다.

〈2010년 지방선거 출마자〉

(단위 : 명)

선거단위	정수	출마인원	평균 경쟁률
광역단체장	16	58	3.6대1
기초단체장	228	780	3.4대1
광역의원(지역구)	680	1,779	2.6대1
광역의원(비례)	81	267	3.3대1
기초의원(지역구)	2,512	5,862	2.3대1
기초의원(비례)	376	919	2.4대1
교육감	16	81	5.1대1
교육의원	82	274	3.3대1
총계	3,991	10,020	2.5대1

*자료 : 중앙선거관리위원회

2) 포장은 화려한 SNS 파괴력

흔히 소셜네트워크서비스(SNS)의 영향력이 전통적인 의미의 올드 미디어, 즉 신문과 방송의 영향력을 넘어섰다는 이야기를 많이 한다. 지난 총선과 대선에서는 새누리당과 민주당 모두 SNS 민심을 잡기 위해 총력을 경주했던 것도 이런 이야기가 설득력을 얻었기 때문이다. 조직적 개입여부에 대한 판단은 법원의 몫이지만 어쨌든 국가정보원과 국군 사이버사령부가 트위터에 매달린 것도 이런 이유가 작용했다. 일부 선거전문가들도 같은 이야기를 한다. SNS 전문가가 필수적이며 비용을 들여서라도 SNS 전담팀을 구성하고 운영해야 한다는 조언을 내놓는 이들도 많다.

하지만 아직까지 SNS의 선거 영향력이 과학적으로 입증된 바 없다. 반대로 중앙선거관리위원회가 2012년 대선 직후 실시한 유권자의식 조사에 따르면 투표에 가장 도움이 된 매체를 고르라는 질문에 SNS라는 응답은 0.8%에 불과했다. 거의 영향이 없는 수준으로 나온 것이다. 그러나 전체의 40.2%는 TV대담과 토론회 및 방송연설을 꼽았고, TV·신문 등 언론매체의 보도와 기사가 30.7%, 가족·친구·이웃과의 대화가 21.1%로 뒤를 이었다. 여전히 선거엔 뉴미디어가 아니라 올드미디어의 영향력이 절대적이었던 것이다.

특히 SNS를 이용한 경험이 있다고 한 응답자는 전체의 33.5%에 불과했고 이들 중에서도 선거와 관련해 SNS 정보를 접한 경우는 절반에 불과했다. 결론적으로 SNS를 통해 선거정보를 접한 경험이 있는 유권자는 전체의

19.5%에 불과했으며 SNS로 투표에 영향을 받았다는 응답은 전체의 4.4%로 미미한 수준이었다.

선관위 여론조사를 전적으로 신뢰하지 않는다 하더라도 SNS의 영향력이 그리 크지 않다는 짐작이 가능하다. 2012년 국회의원 선거에서 뿐만 아니라 2010년 지방선거에서도 비슷한 수준의 응답율을 기록했다. 2030세대의 SNS 사용빈도가 높다고 해서 전체 선거판에서 뉴미디어의 영향력이 올드미디어를 압도하고 있다는 결론은 잘못됐다는 이야기가 된다.

전국 단위가 아니라 지역구 선거, 특히 선거구 규모가 줄면 줄수록 SNS 영향력은 비례해서 줄어든다. 광역단체장에 출마하지 않는다면 지방선거 출마자가 별도의 SNS팀을 구성하는데 비용과 인력을 들이는 것은 부정적이라는 뜻이다.

그렇다고 현안에 대한 후보자 입장을 유권자들에게 신속하게 전달하고 그에 대한 반응을 점검하는 것 자체가 소용없는 일이라는 뜻은 아니다. SNS를 만능도구로 생각하고 유권자들과의 소통을 전적으로 SNS에 의존하는 것은 잘못이지만 선거홍보를 위한 여러 매체의 하나로 SNS를 적절하게 이용하는 것은 필요한 일이다.

〈대선에서는 SNS 영향력〉

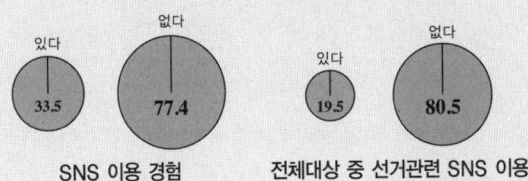

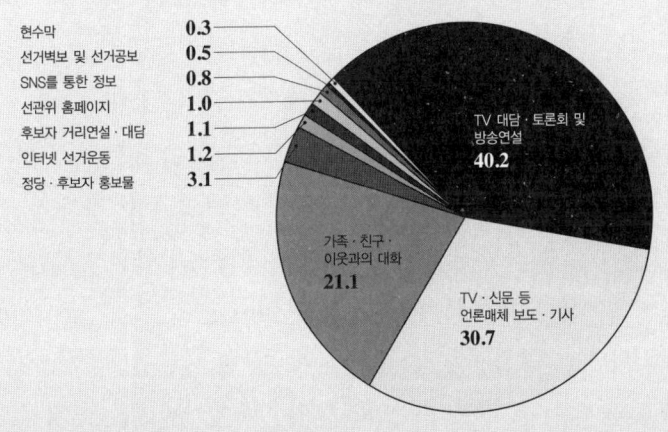

* 조사명칭 : 중앙선관위 '대선후 유권자의식 조사'
* 조사기간 : 2012년 12월 20~2013년 1월 9일(21일간)
* 조사대상 : 17개 시도 19세 이상 유권자 1500명
* 표본오차 : 95% 신뢰수준에 최대 허용오차 ±2.5%p

3) 자유로워진 인터넷 선거운동

2011년 헌법재판소 위헌 판결 이후 인터넷이나 SNS를 통한 선거운동의 제한이 거의 없어졌다. '선거운동을 할 수 있는 사람'이라면 누구든지 이메일과 인터넷 댓글 등을 통해 선거운동을 할 수 있게 됐다. 특히 인쇄된 홍보물을 통해 전달할 수 없는 양의 정보나 이미지를 전달할 수 있다는 측면에서 인터넷은 매력적인 홍보수단이다.

이에 따라 후보와 선거캠프는 인터넷 포털사이트나 카페의 게시판과 대화방 등에 선거운동정보를 게시할 수도 있고, 이메일과 메신저 등을 통해 후보자와 공약에 관한 글을 전송할 수도 있다. 트위터와 페이스북에 글을 올리거나 리트윗, 멘션을 달수도 있으며, 수년전까지 뜨거운 논란을 불러일으켰던 투표 인증샷을 올리거나 이를 전송하는 것도 가능하다.

그렇다고 소규모 선거구에서 인터넷 선거운동 전담팀을 구성할 필요가 있다는 뜻은 아니다. 후보자의 개인 블로그나 홈페이지 관리와 함께 SNS, 문자메시지 등 관련 업무를 적정하게 분담하면 된다. SNS 편에서 밝혔듯이 효과에 비해 많은 비용을 투자하는 것은 낭비다.

오프라인 선거운동에서 필수 요소는 후보자 이름을 포털사이트 검색어로 넣었을 때 나타나는 정보들을 관리하는 것이다. 유권자가 후보자의 인터넷 홈페이지나 블로그에 들어가기 위해선 포털사이트를 거칠 수밖에 없고, 후보자 이름을 넣고 검색하는 과정에서 부정적인 내용의 글도 함께 뜰 수 있기 때문이다. 연관검색어도 마찬가지다. 이럴 경우 글 자체를 없애는 것은 쉽

〈인터넷 선거운동 허용과 제한〉

▶할 수 있는 행위
- 인터넷 홈페이지 게시판·대화방 등에 선거운동정보 게시
- 전자우편·SNS·모바일메신저 및 문자 등을 이용한 선거운동정보 전송
- 트위터, 페이스북 선거운동정보 게시 또는 리트윗(RT)·멘션
- 선거일에 SNS 등을 이용하여 투표 인증샷 게시 및 전송
※ 투표지를 촬영하거나 게시하는 것은 선거법 위반

▶할 수 없는 행위
- 허위사실공표 및 비방하는 행위
- 후보자 사칭 등 성명 등을 허위로 표시하여 선거운동
- 미성년자·공무원 등 선거운동 할 수 없는 자의 선거운동
- 선거일에 전자우편·SNS·모바일메신저 및 문자 등을 이용한 선거운동정보 전송
※ 선거운동이 아닌 투표참여 홍보활동은 가능

지 않다. 여러 절차와 시간이 필요하다. 글을 지우기보다는 다른 글을 달아 해당글을 뒤로 밀어내는 것이 방법이다.

부정적인 내용의 기사도 마찬가지다. 포털사이트 기사검색 페이지에 10건 안팎의 기사가 노출되는 만큼 후보자 이름이 들어간 다른 기사 10건이 부정적 기사 위로 올라간다면 해당 기사를 뒷 페이지로 밀어낼 수 있다. 포털사이트에 기사를 공급하는 언론사의 기자들과 미리 친분을 쌓아뒀다면 비교적 손쉽게 기사를 올릴 수 있을 것이다. 긴박한 순간에 쓸 수 있는 '얘기 되는' 보도자료를 한두 개 정도 마련해 두는 것도 방법이다.

인터넷 선거운동이 허용된다고 해도 허위사실 공표나 상대후보 비방, 후보자 사칭 등 허위 표시, 미성년자·공무원 등의 선거운동은 금지하고 있는 만큼 주의를 기울여야 한다.

4) 문자메시지는 비용에 주의해야 한다

　문자메시지는 같은 내용의 정보를 많은 유권자에게 동시에 전달할 수 있는 매우 효과적인 선거운동 방법이다. 현안에 대한 후보자의 입장, 출판기념회 등의 행사 안내, 주요 공약 정리 등 사용수 있는 용도도 다양하다. 유권자 전화번호를 많이 확보하면 할수록 홍보효과도 그만큼 커지는 장점도 있다.

　문자메시지는 예비후보 자격을 포함해 모두 5번만 사용할 수 있다. 선거일정, 특히 당내 경선 등을 고려해 언제 문자메시지를 사용할 지를 미리 정해 두는 것이 좋다. 당장 급하다고 생각 없이 사용하다가 정작 중요할 때 문자메시지를 보내지 못할 수 있다.

　비용도 걸림돌 중 하나다. 문자메시지 대량발송은 관련 업체를 이용하는 경우가 대부분인데 건당 단문은 10~14원, 장문은 40원 안팎의 비용을 지불해야 한다. 선거홍보의 경우 보통 한글 40자를 넘는 장문(長文) 서비스를 이용한다. 문자메시지 발송수에 따라 5만명이면 1회 200만원, 5회 1000만원이 소요된다. 10만명이면 1000만원으로 불어난다. 이대로라면 법정선거비용 중에서 문자메시지 발송비용이 차지하는 비중이 과도하게 커질 수 있다.

　당내경선 같은 시급한 상황에서 앞뒤 생각하지 않고 문자메시지를 뿌리다가는 발송횟수 제한에 걸릴 수도 있지만 선거비용 회계처리도 골치아픈 문제가 된다. 실제 선거현장에선 문자메시지 발송비용 회계처리 문제로 골머리를 앓고 있는 후보를 만난 경우도 적지 않다.

선거구 유권자의 핸드폰 목록을 축적하는 과정에서 합법 여부는 중요한 변수가 될 수 있다. 최근 유권자들이 개인정보보호에 매우 민감한 반응을 보이고 있기 때문이다. 2012년엔 당내경선용으로 당원명부를 빼내 문자메시지 전송업체에 넘긴 혐의로 새누리당 당직자가 검찰에 적발돼 구속된 일도 있었다. 싼값이라고 하더라도 일단 불법명부라고 판단되면 구입하지 않는 쪽이 현명한 선택이다. 다른 일로 '업자'가 적발된다고 해도 입수판매 경로에 있는 모두가 사법처리 대상이 되기 때문이다.

〈문자메시지 선거운동 방법〉

▶예비후보자 및 후보자가 자동 동보통신(문자 대령발송 시스템)으로 문자를 전송하는 경우 선거운동정보, 전화번호, 수신거부 의사표시를 명시해야 함.
▶자동 동보통신 전송가능 횟수는 예비후보자 및 후보자 신분을 합하여 5회 이내
▶자동 동보통신에 의한 문자 전송에 사용할 전화번호는 전송일 전일까지 선관위에 매회 1개를 신고해야 하며, 5회 범위안에서 한꺼번에 신고할 수 있음.

※ 전화기 자체 프로그램(전송 프로그램을 변경하거나 별도로 설치하는 경우 제외)을 이용하거나 인터넷 문자메시지 무료전송서비스를 이용해 동시에 전송하는 경우 중 수신대상자가 20명 이하면 자동 동보통신으로 보지 않음.

9

유권자는 선거운동원의 에너지도 느낀다

1) 거리유세엔 튀는 선거운동원이 필요하다

선거운동 기간에 들어가면 거리유세에 집중해야 하는데 유세차를 이용한 거리대담과 연설, 사거리와 통행이 많은 곳에서는 이뤄지는 출퇴근 인사 등으로 나눌 수 있다.

거리유세에서 가장 중요한 것은 시선을 잡아끄는 힘이다. 아무리 화려한 쇼를 준비했다고 해도 유권자들이 눈길을 주지 않으면 끝이다. 선거운동원이 차 지붕위에 올라가 춤을 추거나 후보의 기호와 이름을 형상화한 소품을 이용해 춤을 추는 것도 방법이다. 최근엔 놀이공원에서나 볼 수 있는 이색의상, 묘기 등을 선거운동에 접목시키기도 경우도 늘고 있다.

그래도 거리유세는 사람들이 하는 일이다. 아무리 신나는 율동을 해도 선거운동원이 울상을 짓고 있다면 소용이 없다. 선거운동원이 개개인이 가진 최대한의 에너지를 끌어올릴 수 있도록 운동원들 사이에 끼가 많은 사람, 리더의 성격을 가진 사람을 중심으로 이들을 통해 전체 컨디션을 관리하는 게 필요하다. 에너지가 넘치는 선거운동과 마지못해 하는 선거운동은 유권자 입장에서는 확연히 구분된다.

후보자와 선거운동원들이 거리에서 인사할 때는 시선을 맞추는 것이 매우 중요하다. 차량의 경우도 마찬가지다. 차량운전자와 시선을 맞추면 후보를 더 잘 기억하게 된다. 모자를 푹 눌러쓰고 인사하는 선거운동원을 보면 보통의 유권자들은 "선거운동에 참여한 게 부끄럽다"는 인상을 받게 된다. 모자를 쓴다고 해도 반드시 시선은 유권자와 마주치는 지점에 있는 게 좋다.

특히 선거운동 과정이든 휴식시간이든 유권자와 시선이 마주치면 가볍게 미소를 지으며 눈인사를 보내거나, 가볍게 "반갑습니다"라고 인사를 건네는 습관을 기르는 것이 좋다.

의상은 색깔만 맞춘다고 전부는 아니다. 선거 전략과 어울리는 것이 필요하다. 후보자의 정당이 해당 지역에서 인기가 없을 때는 정당의 대표색을 반드시 고집할 필요가 없다. 도전적인 이미지를 주는 붉은색, 안정적이면서도 보수적인 느낌을 주는 파란색 등 전문가의 도움을 받아 선거컨셉과 어울리는 의상을 선택하도록 하자.

2) 유세차는 스피커가 생명이다

　유세차량을 이용한 연설과 대담의 방식은 유세차가 있는 곳이 어디냐에 따라 달라져야 한다. 지지자를 모아 대대적으로 집회를 여는 것이 아니라면 대로변이나 사거리 유세는 길어도 2분 이내에서 연설을 마쳐야 한다. 대신 반복적으로 기호와 이름을 외쳐야 한다. 유세차가 노출되는 시간은 인근을 지나는 차량의 경우 1~2초, 행인은 10초 안팎에 전부다. 멈춰서서 연설을 지켜본다고 해도 집중하는 시간은 2분 안팎에 그치는 경우가 대부분이다.

　반면 주택가에서 하는 연설은 다르다. 유세차 앞을 지나는 사람이 적다고 해도 집안이나 상가 안에서 연설하는 소리가 들린다. 대로변에서 진행하는 연설보다는 조금 더 길고 논리적으로 이야기를 해도 된다. 구수한 입담을 잘 하는 선거운동원을 배치하는 것도 방법이다. 다만 조용한 주택가에서 너무 고음을 내면 곤란하다. 유아가 많은 동네를 찾아갈 때는 특이 더 주의해야 한다.

　상가지역에서 연설을 할 경우에는 연사가 구체적인 상호와 이름을 불러주는 것이 좋다. "OOO 미용실 원장님, 대박 나세요", "맛집으로 소문난 OOO 식당 사장님, 손님 들어갑니다. 황홀한 음식 부탁해요~" 같은 구수한 덕담을 곁들인 연설은 유권자들에게 더 친근한 인상을 줄 수 있다.

　이 같은 이유로 유세차량은 동영상 상영능력보다는 스피커의 성능이 훨씬 중요하다. 유세차량을 오래 응시하는 이들은 기존의 지지자들이나 선거운동원이다. 대부분의 유권자들이 유세를 보는 시간은 앞서 언급했듯 10초 안팎이다. 음량이 풍부한 것 보다는 발음이 정확하게 멀리까지 전달되고 시스템이 필요한 이유다. 유세차 장식도 글씨를 많이 넣기보다는 핵심 슬로건과 후보 이름을 부각시키는 것이 중요하다.

과거 유세차는 대부분 후보자나 캠프에서 주문제작 했지만 최근 들어서는 대부분 전문 대행업체들로부터

유세차는 또하나의 선거홍보물이다. 2010년 지방선거 당시 한 홍보기획사가 인사하는 로봇을 이용한 유세차를 선보였다.
사진_ 뉴시스

빌리는 경우가 많다. 이럴 때는 동영상 재생기능 보다는 스피커와 시스템 성능 등을 꼼꼼히 따져야 한다. 또 차량이 움직이는 과정에서 유세를 진행해야 하는 경우도 많으므로 마이크 고정여부와 난간 등 안전시설을 요구하는 것도 필요하다.

유세차의 무대가 어느 쪽으로 향하고 있느냐도 중요하다. 보통 차량진행 방향의 왼쪽으로 무대를 설치하는 경우가 많은데 상가의 주민들과 행인들에게 인사를 하기 위해서는 오른쪽을 향하는 무대가 적당하다. 용도와 컨셉에 따라 선택하도록 한다. 유세차 계약이 너무 늦으면 가격이 올라갈 뿐더러 마음에 맞는 차량과 디자인을 선택하지 못할 수도 있다. 가급적 빠른 시기에 계약하되 필요한 부분에 대해서는 분명하게 요구해 두는 것이 필요하다. 아주 싼 가격으로 수십 명의 후보와 계약한 한 업자가 선거운동 개시 직전 도망친 사례도 있는 만큼 업체의 신뢰도를 꼼꼼하게 살펴둬야 한다.

3) 아이들이 따라 부르는 로고송을 만들라

아무래도 대한민국 선거의 역사 중에서 선거 로고송으로 가장 유명한 노래는 DJ DOC의 'DOC와 춤을' 일 것이다. 1997년 대선이 있던 해의 최고 인기곡이었던 'DJ와 춤을'을 완벽에 가깝도록 개사하면서 대성공을 거뒀다.

1992년 14대 대선 당시 연세대를 방문한 김대중 전 대통령. 그는 1997년 당시 선풍적인 인기를 누렸던 DJ DOC의 'DOC와 춤을'을 선거로고송 'DJ와 춤을'으로 바꿔 젊은층의 폭발적인 반응을 끌어냈다.   사진 연합뉴스

특히 DJ DOC라는 그룹의 이름과 김대중 전 대통령의 이니셜(DJ)이 묘하게 겹치고, 건강문제가 제기되는데 대해서도 "그깟 나이 무슨 상관이에요"라는 가사로 한방 먹인 것은 절묘했다는 평가를 받았다. 이후로 모든 선거에서 로고송은 선거홍보를 위한 필수조건이 됐다.

로고송은 잘 사용하면 후보 인지도와 이미지를 한껏 높이지만 잘못하면 선거비용만 축내게 된다. 억지로 가사를 끼워 맞춘다면 듣는 유권자가 불편함을 느낄 수 있다. 싼 업체만 찾다 녹음상태가 엉망이 되거나 저작권 문제가 불거지는 경우도 있다. 비용을 들이지 않겠다고 하면 소속 정당에서 제공하는 기본 로고송만으로 때울 수도 있다. 이왕 비용을 들이는 것이라면 한두곡이라도 제대로 만들어야 한다.

로고송의 핵심은 전달력이다. 리듬만 신나선 곤란하다. 후보자의 이름과 기호, 상징이 적절하게 전달되어야 한다. 따라 부르기 쉬운 후렴구에 반복적으로 기호와 이름을 넣거나, 박자와 박자 사이에 '기호2번 홍길동' 같은 스타카토 구호를 삽입하는 것도 방법이다. 따라 부르기는 초등학생을 타켓으로 삼으면 좋다. 초등학생들이 따라 부른다는 것은 그만큼 귀에 쏙쏙 들어간다는 의미이고, 그들의 부모인 40대에게도 후보자의 존재를 알릴 수 있다는 뜻이다.

2030세대와 4050세대, 60대 이상 등 특정집단 유권자들을 겨냥한 선곡도 중요하다. 최근 들어 귀여운 동요를 선택하는 후보들도 있다. 전문가들과 상의하되 전체적인 선거전략에서 벗어나지 않아야 한다는 점을 잊지 말자.

4) 구전도 홍보전략이다

검사 출신의 모 국회의원은 선거운동 기간 자신을 둘러싼 네거티브에 골머리를 앓았다. 영남출신인 그가 검사 시절 술을 먹다 호남의 한 자치단체장 비서실장에게 폭력을 행사했던 전력이 알려지면서다. 상대진영에서는 "주먹이나 휘두르는 망나니를 뽑을 것이냐"는 논리로 공격해 왔다.

묘안은 구전이었다. 공개적으로 해명해 봐야 논란만 키울 수 있다는 판단 때문이었다. 은밀하게 입에서 입을 타고 전파된 그의 논리는 "그럼 호남 XX가 덤비는데 가만히 당하고 있었어야 한다는 말이냐"는 것이었다. 다분히 지역감정을 건드리는 말이었지만 구전판에서는 이게 통했다. '폭력' 논란은 선거판에서 별다른 영향을 발휘하지 못했다. 부정적인 이미지였지만 일부 선거구민들은 "사나이 아이가~"라는 이야기까지 했다고 한다.

때로 구전은 언론에 실린 '공식해명'보다 힘을 발휘한다. 흑색선전일 때도 있지만 반대로 후보의 스토리텔링이 먹히는 순간일 수 있다. 이광재 전 강원지사가 2010년 지방선거에서 '강원의 아들 이광재'(실제 이 전 지사의 아버지는 이강원씨다)를 전면에 내세웠다. 그러면서 실제 아버지의 이름과 강원도에 대한 애정과 인연을 엮은 여러 스토리를 내놨다. 선거 막판 이강원씨가 취객에 폭행을 당하자 동정여론을 불러일으키는 기재로도 사용됐다.

2004년 총선 경북 구미을 선거. 노무현 전 대통령 탄핵으로 여당이 전국적인 압승을 거둘 것으로 예상되는 가운데 구미을에서는 열린우리당 추병직 후보와 한나라당 김태환 후보가 맞붙었다. 단일 선거구였던 구미시가 갑을로 쪼개지면서 현역 의원이 없었던 탓에 접전을 치열했다. 초반에는 건교부 차관 출신으로 여권의 강력한 지원을 받았던 추 후보 앞섰다.

당시 정동영 전 장관이 대구에서 노인폄훼 발언을 한 게 영향을 미치기도 했지만 김 후보가 구전으로 전파한 '두 사람 일꾼론'이 확산되면서 선거중반 이후의 판세가 뒤집어 졌다. "어차피 추 후보는 건교부 장관을 약속받은 만큼 그에게 투표하면 1명의 일꾼밖에 못 뽑는 거지만, 김 후보를 뽑으면 우리 지역은 국회의원 1명과 장관 1명 등 2명의 일꾼을 얻게 된다"는 것이 '두 사람 일꾼론'의 핵심논리였다. 만약에서 출발한 이야기였지만 실제로 지역구 주민들에게는 이런 논리가 먹혔고, 실제 추 후보는 낙선 이후 건교부 장관에 올랐다. 여권 핵심부의 지원이라는 상대의 장점을 역이용한 구전으로 전세를 뒤집는데 성공한 경우였다.

이처럼 네거티브뿐만 아니라 에피소드를 곁들인 후보 평판, 유명 역술가의 예언, 선거사무소 건물의 내력(OOO사거리에 사무소를 둔 후보는 무조건 진다) 등 언론에 실리기 힘든 이야기 거리는 모두 좋은 구전이 될 수 있다.

발굴한 구전은 깔끔한 이야기로 정리해 선거운동원과 지지자들을 통해 확산시키는 경로를 선택하면 된다. 선거전에 들어가기 전에 미리 여러 구전거리를 준비한 뒤 적절한 타이밍에 확산시킬 수 있다면 선거국면을 이끌어 갈 수 있다. 선거에 들어가기 전 구전조직을 가동해 보고 보완하는 것도 구전의 위력을 배가시키는 방법이다. (조직분야의 '구전홍보를 쉽고 조직적으로 전개하라' 부분 참조)

다만 상대에 대한 흑색선전은 역풍으로 돌아올 수 있고 선거법 위반 소지가 크므로 주의하도록 한다.

〈부록 : 2014년 지방선거 사무일정〉

시행일정	요일	실시사항	기준일	관계법조
2014. 1. 15까지	수	인구수 등의 통보	인구의 기준일(예비후보자등록신청개시일이속하는 달의 전전달 말일) 후 15일까지	법§ 4, § 60의2 ① 규§ 2①②
1. 25까지	토	선거비용제한액 공고·통지 예비후보자홍보물 발송수량 공고	예비후보자등록개시일 전 10일까지	규§ 51①② 규§ 26의2③
2. 4부터	화	예비후보자등록 신청 [시·도지사 및 교육감선거]	선거일 전 120일부터	법§ 60의2①
2. 21부터	금	예비후보자등록 신청 [시·도의원, 구·시의원 및 장의 선거]	선거기간개시일 전 90일부터	법§ 60의2①
3. 6까지	목	각급선관위 위원, 향토예비군 중대장이상의 간부, 주민자치위원, 통·리·반의 장이 선거사무관계자등이 되고자 하는 때 그 직의 사직	선거일전 90일까지	법§ 60②
		입후보제한을 받는 자의 사직	선거일전 90일까지(비례대표지방의원선거에 입후보하는 경우는 후보자 등록신청전까지)	법§ 53①②
3. 6부터 6. 4까지	목 수	의정활동 보고 금지	선거일전 90일부터 선거일까지	법§ 111
3. 23부터	일	예비후보자등록 신청 [군의원 및 장의 선거]	선거기간개시일 전 60일부터	법§ 60의2①
4. 5부터 6. 4까지	토 수	지방자치단체장의 선거에 영향을 미치는 행위금지	선거일전 60일부터 선거일까지	법§ 86②
5. 15부터 5. 16까지	목 금	후보등록 신청 (매일 오전9시 ~ 오후6시까지)	선거일전 20일부터 2일간	법§ 49 규§ 20
5. 16부터 5. 20까지	금 화	선거인명부 작성 부재자신고 및 부재자신고인명부 작성	선거일전 19일부터 5일이내	법§ 37, 규§ 10 법§ 38, 규§ 11
5. 21까지	수	선거벽보 제출	후보자등록마감일 후 5일까지	법§ 64② 규§ 29④
5. 22	목	선거기간개시일	후보자등록마감일 후 6일	법§ 33③

시행일정	요일	실시사항	기준일	관계법조
5. 23까지	금	책자형선거공보 제출	후보자등록마감일 후 7일까지	법§ 65⑤ 규§ 30④
		선거벽보 첩부	제출마감일 후 2일까지	법§ 64② 규칙§ 29②⑤
5. 26까지	월	부재자투표용지 발송 (선거공보, 안내문 동봉)	선거일전 9일까지	법§ 65⑤, § 154 ①⑤ 규§ 77
5. 26에		선거인명부 확정	선거일전 9일에	법§ 44①
5. 28까지	수	투표안내문(선거공보 동봉)발송	선거인명부확정일 후 2일까지	법§ 65⑤, § 153 ①② 규§ 76
5. 30부터 5. 31까지	금 토	통합선거인명부 사용에 따른 부재자투표소 투표	선거일전 5일부터 2일간	법§ 158의3④
6. 4	수	투 표(오전6시 ~ 오후6시까지)	선 거 일	법 제10장
		개 표(투표종료후 즉시)		법 제11장
6. 16까지	월	선거비용 보전청구	선거일후 10일까지 (기간의 말일이 토요일 또는 공휴일인 때에는 그 익일)	법§ 122의2②③ 민법§ 161 규§ 51의3①
7. 4까지	금	기탁금 반환 및 공제명세서 송부	선거일후 30일이내	법§ 57① 규§ 25①
		선거비용 수입·지출보고서 제출	선거일후 30일까지	정금법§ 40①
8. 30이내	일	선거비용 보전	선거일후 60일이내	법§ 122의2① 규§ 51의3②